开一家

小本经营之道：

赚钱的

小 店

刘珂◎著

苏州新闻出版集团

古吴轩出版社

图书在版编目（CIP）数据

小本经营之道：开一家赚钱的小店 / 刘珂著.
苏州：古吴轩出版社，2024.12. -- ISBN 978-7-5546
-2508-8

Ⅰ. F717

中国国家版本馆CIP数据核字第2024MH1338号

责任编辑：顾　熙
见习编辑：张　君
策　　划：周建林
装帧设计：尧丽设计

书　　名：**小本经营之道：开一家赚钱的小店**
著　　者：刘　珂
出版发行：苏州新闻出版集团
　　　　　古吴轩出版社
　　　　　地址：苏州市八达街118号苏州新闻大厦30F
　　　　　电话：0512-65233679　　　邮编：215123
出 版 人：王乐飞
印　　刷：水印书香（唐山）印刷有限公司
开　　本：670mm×950mm　　1/16
印　　张：11
字　　数：112千字
版　　次：2024年12月第1版
印　　次：2024年12月第1次印刷
书　　号：ISBN 978-7-5546-2508-8
定　　价：49.80元

前言
PREFACE

　　你是否怀揣着创业梦想，想在商海中拥有一家赚钱的小店？你是否在心中储备了很多好点子，准备在市场上大展拳脚？或许你已经在创业的路上踏实前行，又或许你还迷茫于选址、策划产品、宣传推广、应对竞争等问题。无论你处于创业的哪个阶段，扮演着何种角色，这里为你准备了一份全面而细致的小店经营指南，助你创业成功。

　　本书是旨在帮助年轻创业者成功开设门店的实用指南。在这个充满机遇与挑战的时代，创业者需要理论和理念，更需要切实可行的行动方案。因此，这本书将从选项目、选店址、产品策划、宣传推广、应对竞争等一系列开店过程中的关键环节出发，通过实际能落地的方法，为创业者提供一系列宝贵的经验和建议，具有极高的参考价值。

创业的第一步，就是选择一个合适的经营项目。本书将结合精准案例，深入剖析个人兴趣、市场需求和行业前景，助你找到那个与你梦想相契合、市场需求旺盛的项目。通过对潜在风险和机会的分析，让你的创业之路更为明晰。

在产品选择方面，本书将深度剖析产品的独特性、品质和价格等关键要素，以确保你的产品能够满足顾客需求，获得市场认可。

创业者常说，没有宣传就没有生意。因此，宣传策略也会是本书的重点之一，本书将教你如何有效传递品牌形象，吸引潜在客户。无论是线上宣传还是线下宣传，本书都将为你提供切实可行的方法。

除了这些，其他开店过程中可能遇到的问题，或许你都能从本书中找到答案。本书不是一般意义上的理论教材，而是着眼于经验分享和实际操作的指南。因此，本书不仅适用于初次创业的新手，也适用于拥有多家门店的老板。无论你身处哪个行业，只要你有创业的热情和决心，就能从本书中得到启发。在这里，你会找到创业路上的同行者，和他们一起分享成功的经验和失败的教训，共同成长。

创业的道路注定充满艰辛，但在这艰辛之中，也隐藏着波澜壮阔的辉煌。只有那些坚持到底的人，才能看到一些其他人无法看到的美丽风景。我们希望，在这条充满挑战和机遇的创业之路上，本书能成为你的得力助手，助你构建一套属于自己的创业体系，与你携手走过这段不平凡的旅程。

最后，祝愿每一位创业者都能在本书的指导下，找到自己的发展方向，开拓出一片属于自己的商业天地。

目录
CONTENTS

01

适合自己的项目，才是最好的项目

四大常识，帮你选择一个好项目　　　　　　002

加盟还是自己干　　　　　　　　　　　　　007

开店第一步，做好五个准备　　　　　　　　014

时刻盯住"成本"二字　　　　　　　　　　020

02

选好店址，拥有一个安稳的基地

选店址，就是选你的客户　　　　　　　　　026

选址三步法　　　　　　　　　　　　　　　031

性价比，才是选址的首要因素　　　　　　　036

租店铺时必须思考的注意事项　　　　　　　040

03

若把产品做到极致，何愁小店不赚钱

招牌产品，是开店成功的保障　　　　　　046

好产品要慢慢打磨　　　　　　　　　　051

产品的好与不好，需要经过市场考验　　　056

学会在朋友圈分享你的产品　　　　　　061

客户需要的产品，才是好产品　　　　　067

04

找准目标客户，经营方能事半功倍

找目标客户的六大绝招　　　　　　　　072

抓住目标客户的前提是找准他们的需求　　078

用这些方法把目标客户变为你的回头客　　082

用户画像：更深入地了解你的客户　　　087

05

精准宣传，让更多人知道你

店面宣传要抓住客户的眼球　　　　　　092

宣传活动要符合门店的气质　　　　　　098

常复盘，能让活动更有吸引力　　　　　104

线上宣传的五大途径　　　　　　　　　110

06

深度剖析市场竞争，让小店脱颖而出

了解你的竞争对手，做到知己知彼　　　118

把对手的核心竞争力变成自己的　　　　125

在竞争中提升能力的三个方向　　　　　131

变被动竞争为主动出击　　　　　　　　136

07

打造特色网店，轻松实现盈利

做好产品管理的四个注意事项　　　　　　142

引流，只需要六个步骤　　　　　　147

打造私域流量池的绝招　　　　　　154

流量裂变，不得不注意的五个细节　　　　　　160

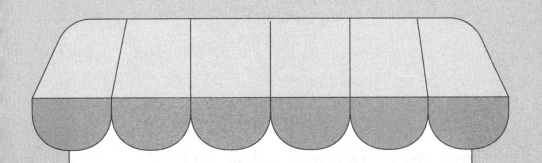

01

适合自己的
项目，才是最好的项目

四大常识，帮你选择一个好项目

很多人在开店之前，都会琢磨这样的问题："开什么店才能赚钱？""现在加盟×××店能赚钱吗？"

其实，不管是什么行业、什么类型的门店，都有赚钱的，也有赔钱关门的。是赚还是赔，关键在于开店的人。比如，一个喜欢研究美食的人跑去开一家服装店，两者根本不契合，那么成功的概率肯定就不高；但如果他去开一家美食店，把自己的天赋和兴趣发挥到极致，再掌握并运用其他方面的知识，那么赚钱的可能性就会提高很多。

因此，选择项目，重要的不是项目本身的好与坏，而是项目是否适合自己！

此外，选择项目就如同选择人生的方向，它决定了你未来几年的生活方式。想要做出"好"的选择，了解一些选择项目的常识是非常必要的。这些常识就像是照亮前路的明灯，能帮助你避免迷失方向，减少不必要的纠结和犹豫。

1. 了解自己的兴趣和优势

在考虑开设实体门店时，首先需要了解自己的兴趣和优势。兴趣是推动你前进的强大动力，而优势则有助于你在竞争中脱颖而出。通过深入剖析自己的兴趣和优势，你可以找到真正适合自己的创业方向。

比如说，你对美妆美甲有浓厚的兴趣，也有很深入的研究，那么开一家美甲店就是一个不错的选择。你可以在服务客户的时候，跟客户交流心得和经验，这一定能给客户留下深刻印象。

再比如说，你曾经在某家知名连锁餐厅工作了许多年，对这个行业的各个环节都有了解，那么你开一家餐厅，也能领先一些竞争者。

2. 考虑市场需求

有需求才有市场，有市场才能赚钱！

在选择项目时，市场需求是必须考虑的重要因素。如果你选择的项目与市场需求背道而驰，那么你的项目很可能会陷入困境，难以取得成功。

跟大家分享一个真实的案例。

曾经有一个人在一所大学旁开了一家奶茶店，他本以为能够大干一场，结果生意并不如他想象的那么好，导致他心灰意冷。后来他找到一个行业前辈，请教原因。

那个前辈到他的门店看了看，没有发现什么问题，感到有点儿疑惑。那个前辈于是又去那所大学了解了一些情况，才明白他的门店的生意为什么不好。

原来，这是一所理工类学校，女生很少。大家都知道，奶茶这类饮品的客户是以女生为主的。这个创业者在开店之前，没有考虑市场需求，生意不好也就不难理解了。

3. 做充分的市场调研

在选择项目时，进行充分的市场调研至关重要。

其实市场调研很简单，最直接、有效的方法就是研究你的竞争对手。比如，你想开一家麻辣烫店，那你就可以去附近的其他麻辣烫门店看看。当然不是随便看，而是要有目的、抓重点地看，比如说要看他们的产品质量、产品价格、营销手段等，这些内容，可以帮助你评估自己项目的竞争力。

同时，开展市场调研还能对市场规模有一个准确的认识，了解目标市场的潜在需求和消费者偏好，从而为项目定位和产品开发提供指导，上文提到的奶茶店就是一个很好的例子。

在进行市场调研的过程中，不仅要收集和分析各类数据和信息，还需要运用逻辑思维和推理能力。只有经过严谨的市场分析，才能准确地识别出机会和风险。例如，你可能会发现某些细分市场尚未得到充分开发，或者某些产品的市场需求正在增长。同时，你也可能会识别出潜在的竞争威胁，或者发现供应链中的潜在成本。这些机会和风险都需要在制订项目计划时加以考虑，并且想出应对风险的方法。

4. 不要盲目跟风

虽然有些领域很热门，但是你如果对这个领域不感兴趣或者没有足够的优势，那么就很难在这个领域取得成功。原因有很多。

首先，那些热门行业的竞争者一定会很多，市场饱和度很高，再加上客源有限，你很难脱颖而出。

其次，如果只是盲目模仿其他成功店铺的模式，你的业务可能会缺乏独特性和创新性。缺乏独特性会导致顾客难以将你的业务与其他竞争对手的区分开，从而会削弱门店的品牌认知度和吸引力。

最后，热门行业里的竞争可能非常激烈，竞争激烈就容易导致价格战的产生和利润率的下降。

因此,在选择项目时,不能被一时的热门趋势所迷惑,要根据自己的实际情况来做出决策,不要盲目跟风。

加盟还是自己干

到底是加盟开店，还是选择自己干？这是很多人在意的问题。在解答这个问题之前，大家先来看一看下面这个案例。

陈明是一个年轻的创业者，一直想在自己生活的那座小城里开一家咖啡店。后来在了解市场行情的时候，他发现了一个知名的咖啡连锁品牌，觉得这是一个很好的机会，于是决定加盟开店。

陈明与加盟公司的谈判进行得相当顺利，加盟公司提供了品牌支持、培训计划、营销策略等各种支持，并且给予了陈明独立经营一家咖啡店的机会。小店刚起步的时候顺风顺水，客流量、收入什么的都挺不错，然而陈明自己到手的利润却不见起色。

为什么呢？原来问题出在加盟费上。

加盟公司要求陈明支付相当高额的加盟费，其中包括一次性加盟费、连锁费、广告费以及每年的管理费。陈明对这些费用感到有些难以负担，但由于对品牌的信任和对成功的渴望，他最终同意支付这些费用并签署了合同。

咖啡店开业后，陈明逐渐感到加盟费用带来的沉重压力。他发现自己不得不在其他方面削减开支，如人员培训、营销活动和产品升级等。此外，由于要支付加盟费用，陈明的资金周转也受到了一定的限制。

由于开业初期资金紧张，陈明无法投入足够的资源来吸引顾客，同时竞争激烈的市场使得获得的利润非常有限。随着时间的推移，咖啡店的业绩并没有达到陈明最初的期望，利润甚至难以覆盖加盟费用和其他开支。

最终，陈明被迫关闭了他的咖啡店。

后来，陈明总结这次开店失败的经验和教训，发现加盟费过高是导致失败的最主要原因，因为这使得他无法在开业初期获得足够的灵活性和充分的资金支持，从而无法有效地应对同行竞争和市场挑战。

这个案例强调了在加盟过程中要仔细考虑加盟费用，并确保它们与实际业务情况相匹配。创业者应该在签署合同之前详细研究加盟费用的结构，确保对费用和合同条件有清晰的理解，以避免不必要的财务负担。

相信看了这个案例，你就能明白，只有当自己有足够的实力承受加盟成本，也有足够的运营店面的经验和能力时，加盟才不失为一种合适的开店途径；否则，你就选择自己干。

你如果最终选择加盟，请一定要注意以下的"坑"。

1. 不合理的加盟费用

在考虑加盟某个品牌之前，一定要注意加盟费用是否合理。一些加盟公司可能会收取过高的加盟费用，这可能会给你的资金流带来压力。因此，你需要仔细研究加盟费用的结构，并确保自己对其有充分的了解。

2. 模糊的合同条款

签署合同前，要仔细阅读加盟合同，确保充分理解其中的所有条款。要特别注意那些模糊的条款，因为它们可能会对你的责任和权益产生潜在影响。如果有任何疑惑或不确定的地方，可以寻求专业的法律咨询，并请律师协助审查合同，这样可以确保你的权益得到充分保障。

3. 可能产生的隐性费用

除了加盟费用之外，还有一系列其他可能产生的隐性费用需要考虑。这些费用可能包括连锁费、广告费、培训费等，这些费用可能会对门店运营产生重大影响。因此，在做出决策之前，一定要确保自己了解所有可能产生的隐性费用，并将其考虑在内。这样可以避免在财务上面临意外开支，确保自己的业务顺利开展。

在考虑加盟一个连锁品牌时，除了关注加盟费用之外，还需要深入了解该品牌的商业模式、运营策略、市场定位等方面的信息。这些信息可以帮助你更好地评估加盟该品牌的可行性和潜在风险。此外，还需要了解该品牌的供应链管理、产品质量把控等方面的信息，以确保自己的业务能够顺利开展并获得成功。

4. 缺乏支持和培训

选择加盟往往是由于个人或团队希望借助加盟公司的品牌影响力和成熟的运营模式，来提高业务管理的效率和效果。加盟公司通常会为加盟商提供全面的培训和运营支持，帮助加盟商更好地了解品牌文化，学习管理和市场营销等方面的知识和技巧，以促进业务的顺利开展和业绩的持续增长。

因此，在选择加盟公司时，一定要仔细了解其提供的培训和运营支持内容是否全面、是否符合自身需求，以确保自己的业务能够得到的支持和帮助最大化。

5. 品牌声誉问题

在考虑加盟某家公司之前，了解其品牌声誉和历史是非常重要的。一个有着良好品牌声誉的加盟公司通常能够吸引更多的客户，并获得更多的信任，这将对你的业务产生积极的影响。相反，如果加盟公司的品牌声誉不佳，就可能会对你的业务产生负面影响。

为了了解该品牌在市场上的表现，你可以通过以下几种方式进行调查：

与其他加盟商交流。你可以尝试与该品牌的现有加盟商进行交流，了解他们的经营情况以及该品牌的支持与服务是否符合他们的期望。通过这种方式，你可以获得有关该品牌的真实信息，并更好地评估加盟该品牌的可行性和可靠性。

查看在线评论。如今，许多消费者和加盟商都会在网上发表评论和评价。你可以通过搜索相关的网站和社交媒体平台，查看关于该品牌的在线评论。这将帮助你了解消费者和加盟商对该品牌的看法和评价，从而更好地评估该品牌的市场表现和可靠程度。

6. 不灵活的经营模式

有些加盟公司可能对经营模式有严格的限制，会限制你的创新性和灵活性。你要对加盟公司的经营模式和相关政策有清晰的了解，以确保你的经营理念能够被充分实施。

7. 不明确的退出机制

在加盟合同中要明确退出机制。一些加盟合同可能对提前终止合同有一定的制约。你需要了解合同中的退出条件，并评估自己是否有条件接受。

相较于加盟来说，自己干最大的一个优势，就是不会有小店还没有开门，便背负了一大笔费用的情况，成本压力会小很多。大家千万不要小看"成本"两个字，很多门店表面上风光无限，最终却以"关门大吉"告终，很大的一个原因就是没有好好地控制成本。

除了成本压力更小，自己干还有以下优势。

1. 有更大的施展抱负的空间

想要开店的创业者，大多有自己的想法，加盟店则会在很大程度上限制创业者自主发挥。自己干就没有这么多限制，比如说产品，你完全可以按照自己的想法设计产品、改进产品，或者直接跟客户交流沟通，多听听他们的意见和想法，然后再去设计、制作他们喜欢的产品，以此来吸引更多的客户。在产品定价的时候，也有更灵活的调整空间，可以根据具体情况制定你和客户都能接受的价格。

2. 有更大的收入潜力

这一点也是很明显的优势，因为你不需要把辛辛苦苦赚的利润分给加盟公司。你拥有完全自主的定价权，能够更灵活地根据成本、市场需求和竞争状况来制定产品或服务的价格，从而达到利润最大化。

到底是加盟，还是自己干，各自的优势已经说得很清楚了，至于选择哪一种，还是希望大家结合自己的实际情况好好考虑清楚，最终选择适合自己的。

开店第一步，做好五个准备

李玲是一个对花艺充满热情的年轻创业者，她在城市的繁华地段开了一家花店，并投入了大量的时间和资金，进行店面装修、进货以及品牌宣传，准备大展拳脚。

然而，随着业务的开展，问题不断浮现。李玲虽然对花艺有着浓厚的热情，但她并没有充分考虑到市场竞争和花店经营的复杂性。在花店开业后，李玲遇到了一系列挑战。

她没有注意到周围已经有几家老牌花店，且市场上已经有了一些知名的花艺品牌。与此同时，她的花店定位较高档，价格相对较高，而当地消费者更倾向于选择价格较为亲民的花店。

李玲在花店的管理和人员培训上也出现了问题。她过于自信地认为自己可以独立应对一切，而忽略了一个良好的团队的重要性。员工之间的协作不足，客户服务也欠缺一致性，导致顾客体验感不佳。

面对创业初期的资金压力，李玲也感到焦虑和困扰。她没有制订详细的财务计划，导致资金短缺，影响了店内的花材采购和运营流程。

随着时间推移，李玲的花店逐渐失去了客户。她感到沮丧和失望，但由于没有做好心理准备，她未能迅速调整策略以应对挑战。最终，李玲的花店无法在激烈的市场竞争中生存下去，不得不关闭。

市场中像李玲这样的年轻创业者有很多，他们中的每一个都充满了理想和冲劲儿。可市场竞争太残酷了，不是有梦想、能吃苦、敢打敢拼就一定能够成功。在经历了一系列挑战之后，他们中有很多人又跑回去上班了。

其实，很多创业者的想法和项目都非常有潜力，如果做好准备，将来成就一番事业也不是不可能。有些人之所以会失败，往往是因为没有在开店前问问自己："我知道自己会面对什么样的挑战吗？我做好心理准备了吗？我真的做好所有准备了吗？"

如果你很快就回答："我做好准备了。"那么请你再问问自己："那我能不能讲一讲行业趋势和我的竞争对手，或者讲一讲我的开店规划？"如果你能有理有据地回答清楚这些问题，才代表开店不是你头脑发热后稀里糊涂做的决定。

这些问题重要吗？当然重要，甚至直接决定了你开店是否成功。当创业者意识到自己的想法过于单纯之后，才能明白一个道理：开店的第一步就是要做好准备。

需要做好哪些准备？

1. 提升专业知识水平

这里提到的"专业知识"是一个比较宽泛的概念，可以是管理知识，可以是对市场行情的理解和认知，也可以是专业技能，比如做美甲、美食的手艺。俗话说"打铁还需自身硬"，如果你对这一行一窍不通就跑去开店，那跟花两块钱买一张彩票，幻想中大奖有什么区别？

你可以通过参加培训，或与行业专业人士交流来不断提高自己的专业知识水平。只有这样，才能更好地应对经营过程中的挑战和困难，不至于到时候只知道挠头，而想不出来一点儿办法。

2. 制定一份清晰的开店规划

做开店规划，是让很多人非常头疼的一件事情。为什么这么说呢？因为很多人都认为，在开店之前做规划，只是纸上谈兵，是非常"虚"的行为。如果他们持有这种观点和认知，任别人苦口婆心地说再多话，他们也很难听进去。

因此，大家一定要引以为戒，把"清晰的开店规划至关重要"这个观点装到脑子里去，重视起来。

一份清晰的开店规划，应该包含以下几个方面的内容。

市场调研：对目标市场和受众群体进行细致的调查；分析竞争对手，包括定位、价格、服务等；把握当地经济状况、消费趋势和社会文化。

财务计划：确定启动资金，包括租金、装修费用、设备采购费用等；预测未来一至三年的财务情况，比如开支、收入和盈利预期等；确定资金来源，包括自有资金、贷款或其他融资方式。

店铺选址和租赁：确定店铺的地理位置，考虑人流量、竞争环境和目标受众；审核租赁合同，确保租期、租金和其他条款合理；进行商业区规划，了解未来发展趋势。

营销和品牌推广：制定全面的营销策略，包括线上和线下的推广渠道；设计品牌标识和宣传材料；确定开业前、开业期间和后续的促销活动。

供应链管理：与供应商建立稳固的关系，确保货源的可靠性；制定库存管理策略，避免库存过多或过少；考虑供应链的可持续性和稳定性问题。

3. 找一个行业老师

找一个有经验的前辈，向他们请教一些经验和创业细节，并寻求建议。这一点对于创业者来说非常重要。因为有些创业者可能是第一次进入相关行业，而且创业过程中常常会遇到各种挑战和困难，以及意料不到的问题，需要有人来提供指导和帮助。

通过与老师的互动，创业者可以更好地了解行业内的情况，并获得专业指导。这种指导可以帮助创业者更好地把握市场机会，少犯错误甚至不犯错误，从而提高创业成功的概率。

此外，有经验的前辈还可以为创业者提供有关行业趋势、竞争情况、商业模式等方面的信息，帮助创业者更好地了解市场和行业环境。这些信息对创业者来说非常重要，因为他们只有在了解市场和行业情况的基础上，才能做出正确的决策，制定出合适的发展战略。

4. 重视和保护身心健康

俗话说"身体是革命的本钱"，但年轻人常因身强体壮、精力旺盛而意识不到这一点。但当他们认识到身体的重要性时，往往为时已晚。

因此，创业者要有意识地维护工作和生活的平衡。虽然创业可能需要付出更多的努力，但过度工作可能会导致身体和心理出现健康问题。合理安排工作和休息时间，有助于提高工作效率和保持良好的心理状态。

5. 提高个人适应能力和韧性

开店创业不会一帆风顺，各种挑战和不确定性是少不了的，如果没有做好足够的心理准备，就会像本节开头提到的案例一样，一遇风雨便手足无措，最终导致失败。

"未虑胜，先虑败"，才能培养适应能力和韧性，才能更好地应对变化，在失败中学习，并在压力下保持冷静。这种心理素质对创业者取得长期成功非常重要。

开店创业是一件很严肃的事情，市场竞争是很残酷的。要想获得成功，你需要做好万全的准备，需要付出比别人更多的努力，比别人吃更多的苦，才有可能在市场中存活下来，然后脱颖而出。

时刻盯住"成本"二字

简单来说，成本就是在开店的时候，投入业务运营的各种费用。成本涵盖了许多方面，直接影响着创业者的经营决策，也影响着盈利的多寡以及最终开店的成功与否。因此，在经营一家门店的过程中，一定要时刻盯住成本。

以下是在创业过程中，成本可能涵盖的几个重要方面。

首先是启动成本。这是创业初期的一次性支出，包括租金、装修、设备购置、开业促销等费用。启动成本是实体店开业前需要支付的费用，直接影响店铺最初的投资和准备阶段。

然后是运营成本。这是指在店铺日常运营中产生的费用，包括但不限于：

人力成本，如招聘、员工薪水、福利、培训等。

库存成本，如采购商品的成本，包括原材料、制造费用等。

租金和水电成本，如店铺租金以及水费、电费、燃气费等费用。

运输和物流成本，如商品配送、库存运输等费用。

营销和广告成本，如推广、投放广告、市场活动等费用。

再然后是管理和行政成本。这部分成本涉及店铺管理和行政支出，例如：

办公用品和设备成本，如电脑、打印机等。

管理软件和系统成本，如财务软件、库存管理系统、POS（销售终端）系统等。

最后是税费，比如增值税、所得税、附加税等。

控制成本是确保店铺财务可持续的关键因素。合理的管理成本有助于维持盈利水平，确保店铺在长期内能够稳健经营。而不合理的成本结构可能增加经营风险。过高的成本可能导致利润微薄，从而使店铺变得脆弱，难以应对行业变化和市场波动。

因此，有效地控制成本有助于提高价格竞争力。通过有效管理成本，门店可以在市场上提供更有竞争力的价格，吸引更多顾客。

下面分享一个创业者的故事。

李艾对手工艺品有着极深的热爱，每天都会花费大量时间在产品的设计和制作上。后来，他在一个小城市里开了一家专门售卖手工艺品的实体店。他对自己充满信心，相信独特的产品和对顾客的热情服务将会让他的店铺蓬勃发展。

然而，随着时间的推移，李艾发现了实际经营中存在的困难。他热衷于追求产品的独特性，但却忽略了控制成本的重要性。手工艺品的制作成本逐渐增加，可是产品价格却没有得到相应提高。此外，店铺的租金和其他日常开销也使得门店的盈利变得异常困难。

成本问题逐渐显露，李艾陷入了无法扭转的困境。他尝试提高产品价格，但这导致了销售量下降。同时，他也没有积极寻找能够降低成本的供应商，而是一直沉浸在对独特设计的激情中。

门店的财务状况日益恶化，李艾不得不削减员工数量，减少材料库存，并设法节省每一分钱。然而，这些努力并没有挽救店铺。最终，由于严重的财务问题，门店不得不关门，李艾的创业梦想破灭了。

梦想是浪漫的，是充满热情的，但创业是残酷的、现实的，需要对每一分钱斤斤计较。如果创业者都像案例中的李艾一样，只沉浸在自己的世界中，那么失败就是注定的。想要成功，就必须看清每一分成本，做到精打细算。

那具体应该怎么做，才能合理管理成本呢？以下是一些建议。

1. 节约人力成本

合理安排员工工时是经营管理中非常重要的一环。在保证员工得到充分休息的同时，也需要确保在需要的时候有足够的人手。过度雇佣不仅会增加门店的成本，还会导致员工工作疲劳，影响工作效率。因此，经营者需要进行合理的工时安排，根据工作需求和员工能力来调整工作时间和人数。为了实现这一目标，经营者可以通过优化工作流程、提高员工工作效率等方式来减少对员工数量的依赖。

除了合理安排员工工时，经营者还需要注重员工的培训和发展。提高和增加员工的技能可以减少门店对外部招聘和内部培训的依赖，在降低成本的同时也提高了员工的工作效率和顾客的满意度。

经营者可以通过定期培训、轮岗、开展拓展活动等方式来提高员工的工作能力。这些措施不仅可以提高员工的技能水平，还可以增强员工的团队合作能力和对门店的归属感。

2. 合理的推广和促销

在当今竞争激烈的市场环境中，推广和促销活动已经成为门店吸引顾客、提高品牌知名度和销售额的重要手段。然而，如何制订有效的推广和促销计划，确保每一笔宣传费用都能带来最大的回报，是一个需要深入思考的问题。

3. 定期的成本审查

在进行成本审查时，经营者可以采用多种方式来寻找降低成本的机会。首先，经营者可以对各项开支进行逐一审查，了解每项开支的必要性、合理性，以及是否存在更好的替代方案。其次，经营者可以与供应商、合作伙伴等外部机构进行谈判，争取更优惠的价格、更好的合作条件等，以进一步降低成本。

在建立定期的成本审查机制时，经营者可以根据自身情况选择合适的审查周期，如每月、每季度或每年进行一次审查。审查周期的选择应该考虑到门店的业务特点、成本构成以及管理需要等因素。

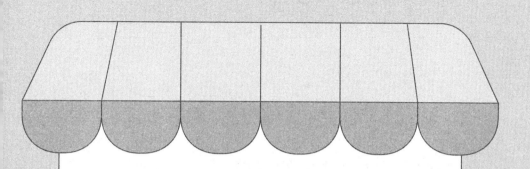

02

选好店址，
拥有一个安稳的基地

选店址，就是选你的客户

很多人在开店的时候，都会纠结几个问题：门店应该开在什么地方呢？是开在商场里，还是开在街边？是开在小区的底层商铺里，还是开在写字楼里呢？这些创业者之所以会纠结这些问题，是因为他们没有抓住选店址这个问题的本质。选店址的本质就是选目标客户。

举个简单的例子：如果你想要开一家果蔬超市，那么最好的位置是小区底层商铺，而不是写字楼；但是，如果你想要做加盟，开一家便利店，那么写字楼就比小区底层商铺要好很多。大家看明白了吗？选店址一定要跟所做的生意相契合，不能只看某个位置的人流量。

下面请看一个例子。

张莉怀揣着对时尚的热爱，决定开一家专门销售潮流服饰的实体店。她在城市的繁华商业区租下一处门面，因为这里的人流量很大。张莉相信，有这么大的人流量，店铺一定能够蓬勃发展起来。

然而，张莉在选址的时候未能充分考虑目标客户的喜好和购物习惯。她选择的地段虽然繁华，但进出的主要是上班族和商务人士，他们更倾向于购买正装和商务休闲服饰；而张莉的店铺主打的是潮流、休闲的时尚单品，与周围商业区的氛围不符。

开业后，张莉发现店铺的客流量并不如预期的，而且进店的人大多是在办公室工作的白领，对她的潮流服饰并没有太大兴趣。她的商品无法吸引周围的上班族。这显然是商品与目标客户不匹配而导致了销售困难。

尽管张莉在推广和促销方面付出了很多努力，但由于店铺定位与周围环境不协调，门店的业绩一直没有起色。高昂的租金和库存成本使得张莉的资金状况逐渐紧张。最终，她不得不面对现实，关闭了门店。

所谓做生意，说起来是做所有人的生意，对所有人都开放，但每个人都心知肚明，能做成的生意，只是与目标客户做的生意。就拿上文案例中的服饰店来说，在现实生活中，大多数人都会买潮流服饰，可是在那个具体的环境中，张莉是没有太多目标客户的，所以生意就不好做。

选址对即将开一家实体店的创业者来说至关重要，店铺的位置直接关系到店铺的便捷性和可访问性，关系到潜在客户进店的次数，直接影响店铺的生意状况和销售情况。如果实体店的选址与目标客户的习惯和需求不符，可能会导致很多问题，比如：

客流量不足。如果店铺位置远离目标客户的居住区或工作地点，可能会导致客流量不足，对销售量和业绩产生不良影响。

竞争激烈。如果在竞争激烈的区域开店，目标客户可能已经形成了购物习惯，新店对他们的吸引力有限，难以改变他们的选择。

目标客户不匹配。不同区域的人群有不同的消费水平、购物习惯和品味，选择与目标客户不匹配的地点可能导致商品无法吸引到理想的消费者。

所以，选址就是在选择目标客户，需要考虑潜在顾客的特征、购物行为和消费需求。创业者应该进行充分的市场调研，了解目标客户的分布情况，选择一个对目标客户来说方便、易抵达的位置，以更好地满足目标客户的需求，从而提高店铺的生意。选址的好坏直接关系到创业的成功与否，因此应该谨慎选择，确保与目标客户群体相契合。

选址之前，应该做到以下几点。

1．观察人流量和客流量

在确定具体门店地址之前，要提前去踩点，观察周围的人流量和客流量。选择一个有足够目标客户流量的位置，可以确保有足够的顾客，为门店的运营带来稳定的客源。

人流量的大小直接影响到店铺的曝光度和潜在顾客的数量。在踩点的过程中，经营者需要选择不同的时间段，例如工作日、周末和节假日等，以了解不同时间段的人流量情况。这有助于判断哪些时间段的人流量较大，从而选择一个有足够目标客户流量的位置。

客流量指的是实际进入门店的顾客数量。在踩点过程中，经营者需要观察并预测从门店前经过的人群中，有多少人会真正进入门店。这可以帮助你了解门店的吸引力和潜在顾客的购买意愿。

2．观察人员构成

在观察人流量和客流量的同时，经营者还需要注意人员构成。不同的人员构成会对店铺的产品或服务产生影响，因此在选择实体店位置时，需要确保目标客户群体的需求与实体店所提供的产品或服务相匹配。

首先，要了解目标客户群体的特点，包括年龄、性别、职业、收入等方面的特征。例如，如果店铺的产品或服务主要面向年轻人，那么选择在年轻人聚集的区域开设店铺会更有优势。

其次，要考虑人员构成的多样性。例如，如果门店在小区周围，那么潜在客户中可能包含很多家庭，你的产品或服务就需要更加注重家庭消费的需求。如果区域内有很多学生，那么店铺的产品或服务需要更加注重学生的消费需求。

最后，经营者还需要考虑人员流动性的问题。比如，一个区域的人员流动性很高，那么经营者需要更加注重宣传和推广，以便吸引更多的客户。

3. 与潜在客户交流

在确定门店位置之前，可以直接与潜在客户进行交流，了解他们的意见和想法，可以帮助门店更好地满足他们的需求，并确定一个更合适的门店位置。

通过与潜在客户进行交流，经营者可以了解他们的购买习惯、喜好和期望。例如，可以问他们："我打算在这里开一家花店，您有什么特别喜欢的花吗？"这样的问题可以帮助经营者了解客户对花卉的喜好和需求，从而更好地满足他们的期望。

此外，与潜在客户进行交流还可以帮助经营者了解当地的市场情况、竞争情况和消费者需求。这有助于制定更有效的营销策略，提高门店的知名度和销售额。

选址三步法

　　线下开实体店不同于线上开店铺。线上开店铺没有"店址"一说，只要选对了平台，做好了产品管理，然后就是等待顾客光临了。但线下开店铺第一步要做的是选择一个合适的门店位置，这样你的创业梦才有载体。

　　常常有人这样抱怨："这里的人流量确实多，但租金太贵了。不知道以后能不能赚回来，风险实在太高了。""这个店面的价钱倒是合适，就是不知道客户多不多。"这些问题之所以会存在，一方面是因为他们没有做好创业规划，不清楚自己应该选择一个什么样的店铺位置；另一方面则是因为他们不懂得如何选择一个合适的店铺位置。

其实，选店址跟选择人谈恋爱一样，都得考虑双方是否契合。这种契合是多方面的，比如三观、兴趣爱好、对未来的期望和规划等，只有两个人很合拍，能把日子过到一起去时，他们才能算是真正的天作之合。

而在选店铺位置的时候，经营者需要思考店铺位置与目标群体分布是否重合、租金与成本是否匹配、商圈的发展潜力能否支撑店铺未来发展等问题。只有满足这些条件的店铺位置，才能算是真正合适的选址。

举个例子，如果你想开一家美甲美睫店，那你可以选择街道边的小门店，也可以在商场里挑一个几平方米的店铺。一来，这些地方的展示度足够，能够让足够多的人看到你的店。二来，这些地方的租金不会太高。这样就能使店址契合店铺。但如果你想在大型商场里租一个大门店，虽然客流量会大很多，但租金很有可能是你无法承担的。这就是店铺与店址不契合。

由此可见，选择位置合适的店铺从来都不是一件轻松容易的事情，需要考虑方方面面的因素。为了帮助大家更好地选出一个能够支撑店铺发展的店址，在这里给大家分享一个选址三步法。

1. 寻求专业意见

在选择店铺位置时，需要考虑很多因素，包括但不限于人流量、竞争对手的位置、交通便利性、租金成本等。经营者对这些因素都需要进行深入的分析和研究，以确保店铺位置的合理性和优越性。

然而，很多人由于缺乏相关的专业知识和经验，很难确定店铺的位置是否合适。这时候，咨询专业的地产经纪人或商业顾问就是一个不错的选择。

地产经纪人和商业顾问通常具有丰富的市场经验和专业知识，对于所在地区的市场趋势和潜在机会有更深入的了解。他们可以通过分析市场需求、竞争情况、地理位置等因素，给你提供专业的意见和建议，帮助你在选择店铺位置时做出更明智的决策。

此外，地产经纪人和商业顾问还可以为你提供有关租金、租约、市场趋势等方面的信息和建议，帮助你更好地了解市场情况和自身需求。

2. 分析竞争对手的店铺

竞争对手的门店状况可以为你的选址提供参考。如果竞争对手的生意做得红火，那么他们的店铺选址可能不错，你可以从中吸取成功经验。例如，你可以观察他们的店铺位置、装修风格、产品陈列方式、服务质量等方面，看看有哪些方面做得比较好，可以借鉴到自己的店铺中。

相反，如果竞争对手的生意非常惨淡，那么你需要仔细分析其中的原因。可能是人流量不够、目标客户分布与店铺位置不重合、店铺租金成本太高等。这些都是你在选择店铺位置时需要避免的问题。例如，如果你的店铺位置过于偏僻，人流量不够，那么你需要选择一个更繁华的地段；如果你的目标客户分布与店铺位置不重合，那么你需要重新考虑你的目标客户群体或店铺选址；如果你的店铺租金成本太高，那么你需要寻找更经济的租赁方案。

在分析竞争对手的门店状况时，你还需要注意：确定你的竞争对手是谁，可能是同类型的店铺，也可能是其他类型的店铺。但同时，不过于依赖或盲从竞争对手。商业环境是不断变化的，你需要根据自己的实际情况和市场趋势来做出决策。

3. 对比不同选址方案

俗话说"货比三家不吃亏"，选店址也是一样的道理。对比不同的方案，能够更进一步确认哪些位置更符合自己的经营需求。同时，不同的选址方案可能意味着不同的竞争环境和竞争策略。一些选址可能位于竞争激烈的商业区或街道，而另一些选址可能倾向于竞争相对较小的区域。

如果店铺地址选择在一个竞争激烈的位置，那么经营时需要更加注重品牌建设、服务质量等方面，以吸引顾客。而如果选择了一个竞争相对较小的位置，那么经营时可能需要更加注重市场开拓和营销策略。

　　此外，不同的选址方案还可能会带来不同的成本和风险。一些选址可能租金较高或需要更多的装修费用，而另一些选址可能租金较低或具有更好的发展前景。因此，经营者需要对不同选址方案中的租金、装修费用、发展前景等因素进行对比和考量，以确定哪个方案更符合自己的财务预算和长期发展计划。

性价比，才是选址的首要因素

　　请大家思考这样一个问题：如果一个店面位于人流量很大的街道，而且经过你的蹲点观察，这些人流中有很大一部分人可能是你的目标客户，店面的大小也非常适合你要做的生意，那么你会租这个店面吗？在回答这个问题之前，很多人应该都会追问一个问题：一个月的租金是多少？

　　不管店面的位置有多优秀，店铺设在这里后的发展潜力有多大，如果店铺的租金远远超过了经营者可承受的范围，那经营者也只能含泪说"拜拜"了。

　　反过来，如果一个店面所处的地段和具备的发展潜力都中规中矩，但是它的租金很诱人，相信有很多人会仔细考量要不要租下它。

因此，创业者在选择店面的时候，需要考虑得最多的不是店面的位置，也不是店面所蕴含的发展潜力，而是店面的租金。门店的租金是否合适在很大程度上决定了你的生意能否盈利，甚至决定了你的创业梦想能否实现。

店面位置固然重要，但它只是影响成功与否的众多因素之一。一个好的位置能带来巨大的人流量，这无疑会对生意有所帮助。但是，如果这个位置的店面的租金超出了你的承受范围，那么它对你的生意来说就是一个沉重的负担。你可能会因为高昂的租金而无法盈利，甚至可能因为无法承受租金压力而被迫关门。

虽然租金较低的店面可能地理位置不理想，但它却可能为你带来意想不到的收获。较低的租金意味着你可以在其他方面投入更多的资金，如产品研发、营销推广等。这些投入对提高你的竞争力、吸引更多的顾客十分有益。而且，随着生意的发展，有了更多的资金后，你还可以搬迁到更好的位置。

那么，如何在租金和地理位置之间找到一个平衡点呢？本文总结了一些建议。

1. 充分了解当地的租金水平

一个地方有一个地方的市场行情。在北京、上海这样的大城市里租十平方米的店面所付的租金，也许能够在一个四、五线城市里租一个五十平方米的店面。因此，在选址之前，创业者要对当地的租金水平有一个大致的了解，这样可以避免租金过高而导致的财务压力。

2. 评估自己的承受能力

在挑选店面时，成本的合理评估至关重要。盲目追求黄金地段，往往会导致租金压力被忽略，从而给后续的经营带来诸多困扰。因此，在寻找店面时，创业者需要遵循一定的原则，确保选择的店面既符合自身经济实力，又能为经营带来便利。

这里提到的成本评估项目包括现有资金、预期收益、投资回报率等，创业者要一一评估，以确保在租赁店面时，能够承担相应的租金压力。

当然，也不能为了节省成本而完全不考虑店面所处的位置。地段是影响门店经营的重要因素，但并非越繁华越好。选择合适的地段需要综合考虑人流量、交通便利程度、竞争对手等因素。在人流量大的地段，虽然客源有保障，但租金也相对较高。因此，创业者在追求好地段的同时，要充分了解租金与人流量之间的关系，找到平衡点。

3. 灵活应对

创业具有不确定性，创业者在这个过程中会不可避免地遇到各种各样的问题和挑战。这就需要创业者准备充分的应对策略和预案，以便在问题出现时能够迅速找到解决方案。例如，在租赁合同中加入租金调整条款，就可以在一定程度上减轻市场波动对经营带来的压力。具体来说，当市场价格上涨时，如果合同中有明确的租金调整机制，创业者可以与房东协商调整租金，不要让租金涨得过高，从而在一定程度上控制店面的运营成本。同样，当市场价格下跌时，虽然在通常情况下租金调整可能不如上涨时那么直接（因为房东可能不愿意降低收入），但一个灵活的合同条款至少为双方提供了协商的空间，有可能通过其他方式（如下调租金时租客将延长租期、房东不下调租金时须为租客增加服务等）来间接促成房东接受一定的租金调整。

　　总之，店面租金是创业者必须面对的现实问题。在选择店面时，要充分考虑租金因素，找到适合自己的选址方案。只有这样，才能在激烈的市场竞争中立于不败之地。

租店铺时必须思考的注意事项

　　选择店铺是所有门店经营者必须面对的重要环节，这不仅需要经营者对市场进行敏锐的洞察，还需要经营者对目标店铺进行精细的分析和比较。在市场经济高度发达的今天，合适的店铺选址对于店铺的成功运营至关重要。一个好的选址可以为商家带来稳定的客流，提高品牌知名度，甚至直接影响门店的盈利水平。因此，租店铺时需要经营者精挑细选、货比三家。

　　在选定心仪的店铺之后，与房东或中介商讨签订租赁合同又是一个至关重要的环节。在这个过程中，经营者需要保持警惕，确保自己在租赁合同中不吃亏。签订合同前，要详细了解租赁市场的行情，掌握与租赁合同相关的法律法规，以防合同条款中出现不利于自己的内容。此外，还需对房东或中介的信誉进行深入了解，以避免遇到不良房东或中介，导致纠纷。

总体而言，经营者在租店签订合同的时候，必须注意以下的事项。

1. 店面的基本情况

在商业租赁市场中，店面租赁是一项非常重要的决策。为了确保自己在租赁过程中能够获得最大的利益，以及避免潜在的法律纠纷，在与房东或中介洽谈时，你需要对店面的基本情况做充分的了解，这包括房屋性质、产权证明、租赁期限、租金支付方式等方面。

房屋性质是店面租赁过程中一个不可忽视的重要因素。你需要了解房子的建筑类型、结构、面积以及配套设施等，这些都将直接影响到你的经营活动和日常生活。例如，商铺、办公楼、厂房等不同类型的房屋在用途、装修要求以及租赁价格上都有所差别。

产权证明是确保房屋合法出租的基石。在租赁过程中，务必要求房东提供合法的产权证明，以证实房东对房屋拥有完整的所有权。此外，还需关注房屋的权属证书是否齐全，如土地使用权证、房屋所有权证等。这将有助于避免租赁纠纷，确保租赁合同的有效性。

租赁期限是租赁双方需要明确的又一重要事项。在洽谈时，要根据自己的经营计划和市场需求来确定合适的租赁期限。同时，要关注租赁合同中关于租赁期限的约定，确保双方权益，如租赁期满后是否可以续租，续租时的租金和条件，等等，都需要在合同中明确。

此外，还要关注租金支付时间。常见的租金支付时间有按月支付、按季度支付、按年支付等。在洽谈时，要根据自己的财务状况和经营风险来选择合适的支付时间。同时，还需了解租金是否包含物业管理费、维修费等附加费用，以便做好预算规划。

2. 合同条款

在签订房屋租赁合同之前，经营者一定要仔细阅读并理解合同的各项条款。这是因为合同条款中包含了双方的责任和权益，这对双方日后的租赁关系有着至关重要的影响。比如，租金、押金、维修费用、违约责任等方面，要与房东或中介充分沟通，达成一致意见。

关于租金，租金的支付方式、支付时间以及支付金额等细节问题都需要在合同中明确标注，以避免在日后产生争议。此外，还需注意租金是否包含物业费、水电费等附加费用，以免在实际使用过程中产生不必要的纠纷。

押金的问题也需要明确。一般来说，押金是为了保证租赁房屋的完好无损，当租赁期满，房屋归还时，押金会全额退还。但在签订合同时，你需要了解押金的退还条件，以免在租赁期满后因为押金问题与房东产生矛盾。

在租赁期间，房屋的正常维修责任应由谁来承担，这是一个非常重要的问题。你需要明确合同中房屋维修费用的承担方是你还是房东，以免在房屋出现问题时产生纠纷。此外，关于维修费用的上限，也需要在合同中明确规定，以防止一方滥用维修权利，造成另一方的经济损失。

另外，合同中一定要有明确的双方违约责任的条款，以保障双方权益。你需要明确出现什么情况可以视为违约，以及违约方的责任是什么。这有助于在双方出现违约行为时，能够依据合作条款进行处理，避免纠纷的发生。

3. 签订合同后的事宜

在合同签订之后，各方都需要严格遵守合同中的约定，全面履行各自的权利和义务。这是基本的商业道德，也是保障合作关系和谐稳定的基础。

作为承租方，首先需要做到的是按期支付租金。这不仅是履行合同义务的表现，也是对房东权益的尊重。同时，承租方还需要确保店面设施的正常使用，这包括对设施的合理使用、维护和保养，以防止不当使用而导致损坏。

　　在此基础上，与房东或中介保持良好的沟通也是必不可少的。这有助于双方及时了解对方的需求和遇到的问题，提前预防可能出现的纠纷或解决已经出现的问题，促进双方共同维护店面的稳定运营。通过积极沟通，可以增进彼此的理解和信任，为双方的长期合作奠定基础。

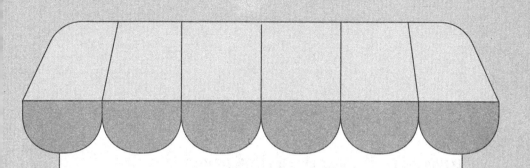

03

若把产品做到
极致，何愁小店不赚钱

招牌产品，是开店成功的保障

创业的时候，不管是进入哪个行业，大家都要记住一句话：没有招牌产品，就不要开店。这绝对不是危言耸听，因为任何一个想要创业的人，都应该清楚现在的市场环境并不"和平"。每一个行业、每一条赛道都充满了竞争，如果没有自己的绝招，就没有核心竞争力，没有核心竞争力，又怎么能在竞争中脱颖而出呢？

在一座小城市中，创业者吴杰怀揣着对美食的热爱，开了一家与众不同的麻辣烫店。他知道市场上已经有很多麻辣烫店了，要想脱颖而出，必须拥有独特的核心竞争力。

吴杰经过深入的市场调研，发现许多人喜欢吃麻辣烫，但对调味料的选择并不满意。于是，他决定将自己独家秘制的调味料作为店铺的招牌菜。这种调味料融合了传统川味的麻辣香料，同时添加了一些吴杰家传的秘制食材，形成了独特的口味。

吴杰在选址上也用心良苦。他选择了一个位于市中心繁华商业区，临近多家写字楼和学校的店面。这个位置不仅保证了足够的人流量，而且能够吸引白领和学生这两类主要目标客户群。

店面装修方面，吴杰注重营造火辣、热情、干净的感觉，让店内的装修风格突显川味特色，同时提供了快捷、舒适的就餐环境，吸引了更多的年轻人前来品尝。

吴杰的招牌产品——使用独家秘制调味料的麻辣烫很快赢得了食客的好评。不仅如此，吴杰还通过在社交媒体上进行巧妙的宣传，展示食品制作过程和顾客的用餐体验，引发了网友的关注，生意变得更加火爆。

随着食客们的口口相传，吴杰的麻辣烫店成为这座城市的"网红"店之一。他不断推出新品和活动，与顾客互动，保持了店铺的活力。最终，吴杰的努力和独特的核心竞争力让他的麻辣烫店在激烈的市场竞争中脱颖而出，取得了成功。

对"招牌产品"这个概念，其实很多人是有误解的。他们认为：把产品做好不就行了？这种观点虽然没错，但不全面。以麻辣烫店为例，如果吴杰仅仅是做好产品，没有做出招牌产品，那么在消费者眼里，他和其他做好产品的麻辣烫店有什么区别？为什么这些人要专门前往吴杰的麻辣烫店消费呢？所以，有招牌产品，才有独特性，才有不可替代性。

招牌产品对一家门店的重要作用和意义包括以下几点。

1. 让门店产生特色化和差异化

招牌产品是门店的重要标志，它能够为门店赋予特色，让门店与其他竞争对手形成差异，使其在竞争激烈的市场中脱颖而出。招牌产品不仅代表着门店的专业能力，还代表着门店的独特风格，能够帮助门店吸引顾客的眼球，增加门店的知名度和美誉度。

2. 提高门店认知度

招牌产品对提高门店的大众认知度具有至关重要的作用。一个独特而引人注目的招牌产品能够吸引顾客的注意力，使顾客在众多同类门店中记住该门店。当顾客对招牌产品产生兴趣时，他们会更加关注该门店的其他产品和服务，从而增加消费的可能性。

当顾客对招牌产品感到满意时，他们会更加信任该门店，并愿意再次光顾。这种信任感会逐渐转化为忠诚度，使顾客成为门店的忠实客户，并愿意向亲朋好友推荐该门店。这种口碑传播能够扩大门店的知名度并吸引更多的潜在顾客前来光顾。

为了充分发挥招牌产品的作用，门店还需要注重产品的品质和创新。只有提供高品质、独特的产品，才能赢得顾客的信任和喜爱。同时，不断创新和改进招牌产品，能够保持招牌产品的吸引力，使顾客始终保持对门店的关注和喜爱。

3. 为客户创造独特的体验和记忆点

招牌产品可以成为客户体验的亮点，为顾客创造独特的购物体验。例如，一家咖啡店的招牌咖啡具有独特的口感和香气，能让顾客在品尝之后留下深刻的印象，这种独特的体验有助于顾客形成正面的记忆点，让顾客愿意再次光顾这家咖啡店。

此外，招牌产品还能为店铺带来更多的曝光和关注。当顾客在社交媒体上分享他们在店铺购买的招牌产品时，也在无形中为这家店做了宣传。这种口碑传播的力量是巨大的，可以吸引更多的潜在顾客前来体验。

4. 适应市场需求

面对消费者不断变化的需求和日益加剧的行业竞争，经营者必须时刻关注市场动态，了解消费者的需求和偏好，不断改进和优化招牌产品。

经营者要对市场进行持续、深入的调研，了解消费者的需求和偏好。通过收集和分析消费者的反馈和意见，可以了解消费者对产品的评价和期望，从而为产品的改进和优化提供方向。

经营者还要对产品的品质、功能、设计、价格等方面进行全面的考虑和改进。例如：门店可以通过提高产品的品质和功能，增加产品的附加值，提高产品的竞争力；可以通过优化产品的设计和价格，提高产品的吸引力和性价比。

此外，经营者还需要注重产品的创新。在竞争激烈的市场环境中，只有不断创新和打造差异化才能让产品脱颖而出。经营者可以通过引入新的技术、材料、设计等方式，为产品注入新的元素和特色，从而吸引更多的消费者。

经营者还需要加强与消费者的沟通和互动。通过与消费者建立良好的沟通和互动关系，经营者可以更好地了解消费者的需求，并及时调整产品策略。同时，通过与消费者的互动，也可以增强消费者对品牌的认知和信任，提高品牌的知名度和美誉度。

好产品要慢慢打磨

在城市的一个角落，曾强开了一家小而精致的蛋糕店。刚开始的时候，由于知名度不高，生意并不好。

在经营的过程中，曾强深感市场竞争激烈，但他并没有因此而灰心丧气。相反，他将这个阶段看作一个成长的过程，一个打磨产品的机会。

曾强投入大量时间和心思，研究蛋糕制作的每一个细节。他不仅学习了各种经典蛋糕的制作方法，还尝试结合当地人的口味特色，创造出一些独具创意的蛋糕款式。

除了注重口感，曾强还注重视觉和嗅觉的享受。他用上等的食材，巧妙搭配出各种口味，打磨出一个个精致的蛋糕，每一款都独具特色。

虽然一开始生意不景气，但曾强并没有急于追求短期的利润。他始终相信，好的产品会说话，只要产品足够出色，顾客就会慢慢发现并喜欢上这里的蛋糕。

果不其然，曾强的用心付出开始收到回报。有了初期顾客的好评和口口相传，越来越多的人进入他的蛋糕店，这家小店的名声也在社交媒体上传播开来。

随着时间的推移，曾强的蛋糕店逐渐在城市中声名鹊起。顾客们纷纷称赞他店里的蛋糕精致，这些赞誉和良好口碑又吸引了更多新顾客。

终于有一天，曾强发现自己的蛋糕店里排起了长队。曾强的坚持和用心付出最终换来了店铺的繁荣，他本人也因为专注和执着的品格而赢得了顾客的尊敬。

每一款好产品的问世，都不是一蹴而就的。想要获得客户的认可和好评，就要付出时间，用心去设计、打造。其实打造好产品跟在家做饭是一样的道理，仓促之间应付差事做出的一桌饭菜，和经过精心选材、精雕细琢做出来的一桌饭菜，不管是品相还是味道，一定都有很大的差距。至于家人会喜欢前者还是会喜欢后者，答案不言自明。

想要打磨一款好产品，大家可以参考以下四个步骤。

1. 调查客户喜欢什么样的产品

因为不同的人有不同的审美和喜好，对同一款食物也会有不同的口味偏好，所以在着手开发产品之前，要进行详尽的市场调研。就比如说火锅，四川、重庆、贵州等地喜欢辣火锅，而广东等地则喜欢不辣的火锅。通过调研，了解目标客户的需求、喜好和痛点，是确定产品基本方向和特色的关键，有助于开发出更符合市场需求的产品。

此外，经营者还需要关注目标客户的文化背景和价值观，以确保门店的产品能够更好地融入他们的生活和文化中。

在产品推向市场之后，经营者要时刻注意客户在使用产品时的反馈，如果遇到了问题或给客户造成了不便，一定要在第一时间加以解决。

2. 想清楚产品的目标客户群体和卖点

门店售卖的产品有清晰的目标客户群体和卖点是成功的关键。在确定目标客户群体时，门店需要深入了解他们的需求和偏好，以便为他们提供最合适的产品和服务。例如：奶茶店的目标客户群体主要是女性，因为女性对甜食和饮料的需求更高；而烧烤店的目标客户群体则可能是年轻人，因为他们更喜欢在社交场合享受美食。

在确定目标客户群体之后，经营者需要确保产品具备独特的、有吸引力的卖点。独特的卖点能使产品与市场上其他的同类产品区分开来，形成差异。这个卖点可以是产品的功能、设计、品牌形象或其他方面。例如，如果一个产品的独特卖点是它的智能化功能，那么它就可以吸引那些注重科技和智能化的消费者。

3. 收集客户的反馈信息

为了更好地了解用户的需求和期望，可以建立相对应的沟通渠道。其中，直接交流是一种非常有效的方式。经营者可以在与用户沟通时直接得到用户的反馈信息，从而了解到产品的优点和不足。

这些反馈信息可以帮助门店及时调整和优化产品。例如：如果用户反馈产品样式不够美观，门店就可以对产品样式进行改进，使其更加符合用户的审美需求；如果用户反馈产品的体验感不够好，门店就可以对服务或者产品的使用方式进行优化，以提高用户的体验感；如果产品是食物，用户反馈味道不够好的话，门店同样可以进行有针对性的改进，使其更加符合用户的口味需求。

4. 与供应商合作

在当今竞争激烈的市场环境中，产品的质量和稳定性已经成为店铺的立足之本。而要保住立足之本，与可靠的供应商建立长期合作关系显得尤为重要。优质的原材料和供应链不仅有助于提高产品的稳定性和可靠性，还能为门店带来以下几方面的优势。

（1）与优质供应商建立长期合作关系可以使店铺获得更为稳定和优质的原料供应，从而提高产品质量和竞争力。

（2）稳定的合作可以促进供需双方建立互信互助的关系，从而使门店获得更有利的采购价格。此外，可靠的供应商还能为门店提供及时的库存信息和市场动态情况，帮助经营者做好采购计划，降低库存成本。

（3）经营者无须为寻找合适的供应商而浪费时间和精力，可以将更多的资源投入产品研发和生产中。同时，稳定的原材料供应也有助于减少生产过程中的停工待料现象，进一步提高生产效率。

通过以上步骤，创业者可以逐步打磨好产品，满足客户的需求，提高市场竞争力，最终实现商业成功。这个过程需要不断的学习和持之以恒的努力，这样慢慢打磨出来的产品通常能够在市场上获得来自更多客户的更长久的认可。

产品的好与不好，需要经过市场考验

　　每个人对产品的理解和定义都不同，因此，即便是同一种产品，有的人会喜欢，有的人则不太喜欢，这是非常正常的事情。因此，对于创业者来说，对于门店的经营者来说，产品是否成功，并不在于自己对产品的认知，而是需要经过市场的考验和客户的认可。

　　在一座小城市里，张萌开了一家独具特色的花艺店。她对花卉有着浓厚的兴趣，也有着独特的设计理念，于是决定将这些想法融入自己的花艺作品中。

　　张萌的花艺店的花束设计独特，每一束花都是她用心挑选、搭配的。她注重将花卉与艺术结合，在她眼里，每一束花都是一个小小的艺术品。然而，当这些独特的花艺作品摆放在店里等待顾客青睐时，情况却并不如她所愿。

起初，顾客对张萌的花艺作品并不感兴趣，他们更喜欢传统的花束和花篮，对张萌独特而略显复杂的设计缺乏共鸣。然而，张萌并没有对市场反馈的信息进行反思，她认为这是因为市场没有理解她独特的艺术品位。

几个月过去了，花艺店的生意没有一点起色，可张萌并没有改变自己的设计理念，反而更加坚持自己的独特风格。她在社交媒体上发布了大量关于花艺设计的文章，表达了对市场的不理解和抱怨。

可市场的回应是冷酷而客观的。人们对张萌的花艺作品的兴趣没有增加，就连老客户也逐渐流失了。花店的生意越来越差，最终张萌不得不关闭花店。

这个案例讲述了一个道理：做产品，不是只做自己喜欢和认可的产品就可以，而是要做市场和客户喜欢的产品。如果在经营的过程中发现客户对自家产品有意见，一定要及时调整，千万不能像案例中的经营者一样，过于坚持自己的设计理念，却没有站在顾客的角度去审视自己的产品。过度自信，缺乏反思和灵活的调整，使得张萌错失了改进和成功的机会。

为什么要强调"经过市场考验的产品，才是好产品"这个观点呢？大致有以下几个重要原因。

1. 顾客需求多变

在市场经济中，顾客的需求和喜好始终处于快速变化之中。因此，门店若想成功立足，就必须紧跟市场步伐，时刻关注消费者的需求变化。有时候，一个产品在研发阶段看似优秀，但一旦推向市场，却可能遭到冷遇，无法获得消费者的认可。这正是因为市场需求具有不确定性，会使得产品的市场表现与预期存在较大差距。为了更好地了解顾客的实际需求，经营者需要在产品研发过程中，加强与消费者的互动，了解他们的真实想法和期望。

同时，经营者还需树立正确的市场观念。要知道，不是所有产品都能快速获得市场认可，获得市场认可需要时间和耐心。在面对市场挫折时，要保持积极的心态，勇于调整和改革。只有不断尝试和改进，才能使产品逐渐获得消费者的认可。

2. 市场竞争激烈

大家要明白，市场竞争的本质是满足消费者的需求。消费者对产品和服务的需求是多样化的，他们更渴望性价比高、品质优良的产品。因此，经营者要想在竞争中占据优势，就必须从消费者的角度出发，生产出具有竞争力的产品。只有通过市场的考验，才能确定产品是否能够在众多竞争对手中脱颖而出。

此外，产品同质化现象严重，会让消费者对千篇一律的产品产生审美疲劳。经营者需要不断挖掘消费者的潜在需求，以新颖的设计、独特的功能、优质的服务等特点吸引消费者。只有拥有强大竞争力的产品才能在市场中站稳脚跟，进而实现店铺的长远发展。

3. 口碑不等于业绩

在市场竞争激烈的今天，一款产品能否在市场和消费者中脱颖而出，销售得好坏无疑是衡量其优劣的最直接的标准。人们常常说，口碑是产品的最好广告。然而，空有好口碑，却没有好的销售业绩，这样的产品口碑再好也不能算是成功。

换言之，如果一款产品无法使目标消费者准确地认识到它的价值，那么即使产品质量再高，也难以引起消费者的购买欲望。因此，经营者要在产品推广和市场营销策略上做足功课，让消费者充分了解产品的优势和特点，从而提高产品的销售额。

4. 实际使用中的问题

相信每一个真正想要创业的人，为了获得用户和市场的认可，在设计产品的时候都是非常用心的。但可惜的是，这种设计只是从经营者自身的认知和经验出发的，并不能完全保证产品在实际使用中的表现。市场是考验产品实际价值的关键。

在经受市场的考验时，产品可能会遇到各种问题，如功能失效、性能不足、用户体验差等。这些问题可能会导致产品在市场竞争中失利，甚至对产品造成致命打击。

因此，在面对市场考验时，经营者需要保持敏锐的市场洞察力，及时发现产品存在的问题。在此基础上，经营者应积极采取措施对产品进行改进，如优化产品功能、提升产品性能、改善用户体验等。

学会在朋友圈分享你的产品

朋友圈是创业者开店引流、扩大影响力的一大利器。将它用好了，可以帮门店招揽大量客户，吸引人流聚集，助力门店快速发展，走向成功；如果用不好，甚至不会用，那么就会被同行甩开，远远落后于人。

在朋友圈分享产品，可以让更多的朋友了解门店位置和所提供的产品，这有助于扩大门店知名度，让更多人知道门店的存在和特色，从而吸引更多潜在顾客。同时，朋友圈是一个相对私密的社交空间，基于朋友对你的信任，在朋友圈分享产品和服务，朋友更有可能对这些产品和服务产生兴趣。

在朋友圈分享产品，能够迅速获得大家的反馈信息。他们反馈的方式可以是评论、点赞或私信询问，这些信息有助于你了解产品在朋友圈中的受欢迎程度，从而明确将来的改进方向。

在朋友圈做促销和推广活动特别方便。你可以在朋友圈发布折扣、限时优惠或者新产品上市等信息，吸引朋友们来店铺买东西，这样有助于提高销售额。除了优惠信息，你还可以在朋友圈组织一些有趣的活动，比如抽奖活动，邀请朋友们来参与，通过这种方式与朋友们保持密切的联系。这样一来，就能增强用户与门店的互动，增强客户黏性。

李毅在某小区旁开了一家水果店。他希望能通过自己的努力，为小区居民提供新鲜、优质的水果。

李毅并不满足于用传统的方法——等顾客上门来经营水果店，他意识到借助社交媒体的力量可以更好地服务小区居民。于是，他积极利用朋友圈，让朋友圈成为他与小区居民之间交流的纽带。

每当水果店进新鲜水果时，李毅都会在朋友圈分享照片和简介。他会用生动的文字描述水果的产地、口感和特色，引起了小区居民的好奇和兴趣。这种方式不仅提高了居民对水果店的关注度，还让他们更愿意前来购买新鲜水果。

为了感谢关注和支持的居民，李毅会经常在朋友圈分享一些独家的优惠活动。他会开展一些互动性强的活动，比如居民在朋友圈分享店铺信息并获得一定数量的点赞，就能获得小礼品或享受特别的折扣。这种互动拉近了顾客和水果店之间的距离。

李毅也会在朋友圈中定期发布一些关于水果的知识、健康饮食建议等，与居民建立起更加紧密的互动关系。他对水果店的用心经营和对社交媒体的灵活使用，使得他的水果店逐渐成为小区居民购买水果的首选门店。

说完了在朋友圈分享产品的重要意义和作用，接下来就是另一个重要部分：如何在朋友圈分享产品，才能吸引更多的客户？以下是分享给大家的一些行之有效的具体措施和方法。

1. 发布精美的图片和短视频

在朋友圈宣传产品的时候，大家要明确一点：不要一味地堆砌文字，而是要注重图文并茂、视频辅助的多元化展示方式。

一方面，相较于纯文字，图片和短视频具有更强的视觉冲击力和吸引力，可以迅速吸引用户的注意力。因此，商家在朋友圈发布宣传信息时，应尽量多地使用产品的实物图和实物视频，让用户直观地感受到产品的真实性。

另一方面，图片和短视频能更好地展示产品的特点和优势。通过精美的图片和生动的视频，用户可以全方位、多角度地了解产品，从而提高他们对产品的认知度和好感度。而且，内容丰富的图片和短视频还能够激发用户的购买欲望，让他们在短时间内产生强烈的购物冲动。

商家在发布图片和短视频时，应注意以下几点：

（1）保持内容简洁明了，避免冗长复杂，以免让用户感到厌烦。

（2）突出产品的亮点和卖点，有针对性地进行宣传。

（3）注重图片和短视频的美观度，力求为用户带来高品质的视觉体验。

（4）适当运用文字说明，引导用户关注和了解产品。

（5）保持一定的更新频率，让用户始终能看到新鲜的内容。

2. 分享互动式内容

在产品宣传之外，经营者还可以在朋友圈分享一些有趣的互动内容，这样既能吸引用户参与，又能提升他们对朋友圈内容的关注度。

比如投票。经营者可以就某一热门话题或产品特点发起投票活动，让用户在朋友圈投票。这样可以引发用户之间的讨论，进一步提高投票活动的曝光度。

除了投票活动，抽奖活动也是在朋友圈互动的一种有效方式。经营者可以准备丰厚的奖品，吸引用户参与。用户可以通过分享抽奖活动，邀请好友帮忙助力，从而增强活动的影响力。此外，经营者还可以在抽奖活动中穿插产品介绍，让用户在参与抽奖的同时，了解产品的优势和特点。

3. 分享独家优惠活动

店铺可以定期分享一些独家优惠活动，并鼓励朋友们分享到自己的朋友圈。通过这样的分享行为，可以将产品信息传播得更广，覆盖更多潜在用户。

所谓独家优惠，就是店铺为了吸引用户消费，在特定时间段内提供特殊折扣或赠品。这种策略能刺激用户的购买欲望，提高产品的销量。

那么，如何运用这种策略呢？

一方面，店铺要确保优惠活动具有吸引力。优惠活动可以是购买时享受较大的折扣，也可以是获得价值较高的赠品，让用户觉得错过将是一大遗憾。

另一方面，要鼓励用户将优惠活动分享到他的朋友圈。可以通过以下几种方式来实现：

（1）设置分享奖励。当用户分享优惠活动时，可以给予用户额外的优惠或积分奖励，激发他们分享的动力。

（2）营造紧迫感。将优惠活动设定为一个限时活动，可以通过强调活动倒计时、库存限制等方式，让用户感受到时间紧迫，从而提高购买意愿。

（3）制作创意广告。制作有趣、富有创意的广告内容，让用户愿意主动分享给自己的朋友。

通过以上策略，可以将产品信息传播得更广，吸引更多潜在用户。

在利用朋友圈宣传产品时，经营者还需要注意做到以下几点：

（1）适度营销。避免过于频繁地推送优惠信息，以免让用户感到视觉疲劳，甚至产生厌烦心理。

（2）诚信为本。要确保优惠内容和分享奖励能够兑现，以维护门店形象并得到用户的信任。

（3）做好数据分析。定期分析分享内容和发起活动的效果，以便调整策略，增强推广效果。

客户需要的产品，才是好产品

　　判定是不是好产品的第一条标准就是产品是不是客户需要的，能否满足客户的需求。只有客户需要的、着眼于满足客户需求的产品，才有可能被客户挑选、认可，进而达成交易。

　　也就是说，能够提供满足客户实际需求的产品是成功创业的关键。通过深入了解客户的喜好和需求，创业者能够提供更符合客户期望的产品，提高产品被客户认可和购买的可能性。通过满足客户需求来提高用户体验，使产品更易用，减少使用障碍，从而提高客户的满意度，有助于建立客户对品牌的忠诚度。

　　在竞争激烈的市场中，能够精准把握并满足客户需求的产品能够更好地适应市场变化，保持竞争优势。通过创造差异化的竞争优势，店铺能在众多同类店铺中脱颖而出，吸引更多潜在客户，提高销售成绩。

总体而言，满足客户需求是打造成功产品和成功门店的基石。这不仅是满足市场期望的手段，更是建立良好门店形象、提高用户满意度、迅速适应市场变化的有效途径。在创业过程中始终保持对客户需求的敏感度，是取得长期商业成功的关键要素。

到底应该怎么做，才能真正做出客户需要的产品呢？下面是一些行之有效的策略。

1. 看看市场上什么产品卖得好

之前强调过，开店之前的市场调研非常重要，除了要调查清楚行业、同行以及客户的情况，还要弄明白市场中什么产品最受客户欢迎。就比如说烤肉，客户是喜欢坐在餐厅里，在一个相对安静的环境里用餐，还是喜欢在露天的环境里，一边喝啤酒，一边吃烤肉？又或者是自助烤肉？如果能把这个调查清楚，就能避免很多"坑"，也能知道自己应该做什么产品。

2. 积极地和客户沟通

谁最清楚客户喜欢什么产品？当然是客户自己。所以，经营者要积极地与客户沟通，了解客户喜欢什么样的产品。如果在询问的过程中，能够给客户提供一些福利，比如小礼品、店铺积分、优惠券等，想必客户会更愿意参加，也会更愿意告诉你他最真实的想法。

3. 产品的好坏不仅在于产品本身

客户对一款产品的评价，往往不仅着眼于产品本身，还涉及使用时的体验、店铺或者产品开发者提供的服务。做一个对比：同样食材和味道的火锅，在一家小餐厅里吃，跟在某知名火锅店里吃，得到的用餐体验肯定是天差地别的。如果用餐体验好，那么心情就会好，就会连带着觉得所食用的食品非常好。因此，经营者一定要确保用户在使用产品时能够获得愉悦和便利的体验。

4. 没有真正的百年老店，产品要持续创新

很多人开店时都憧憬着能够开一家百年老店，这确实是一个很伟大的梦想，但实现起来却一点儿都不容易。大家可以想一想，如今的那些百年老店，之所以能够经久不衰，几乎都是因为它们在持续不断地创新，更新自家产品。反过来，产品没有任何创新的百年老店，其实就是在吃老本，许多人买他们的产品，可能只是想在送礼的时候撑门面，而不是真正喜欢。

因此，经营者一定要了解并研究市场上已有的产品，持续思考如何在设计、功能或服务上创造与众不同的亮点，以吸引更多客户的关注。

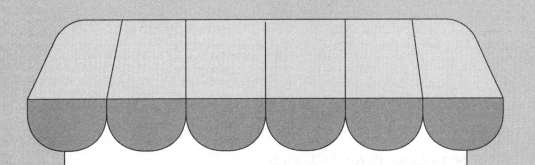

04

找准目标客户，
经营方能事半功倍

找目标客户的六大绝招

所谓目标客户，就是在你开门店做生意的时候，对你的产品最感兴趣的客户，最有可能买你产品的客户。而普通客户是传统意义上的，更广泛范围内的所有购买者，他们可能会对你门店的产品感兴趣，也可能看了一眼门店的招牌后就不再关注。

从门店经营者的角度来看，目标客户和普通客户之间的差别，就在于门店对他们的定位和关注程度不同。目标客户是需要门店特别关心和努力吸引的一群人，因为他们的需求与门店提供的产品或服务更匹配，有更高的可能性购买产品并与门店建立长期关系。

而在营销过程中，经营者也需要对目标客户和普通客户进行"区别对待"。针对目标客户，门店需要推出更有针对性的产品和服务。举个很简单的例子：一个创业者开了一家美甲店，制定了一项会员制度。那么这个创业者在服务会员和普通客户的时候，肯定是对前者更用心，因为会员能给他带来更多的收益。

简而言之，目标客户是门店精心选择的，与门店所提供的产品和服务更匹配的群体。门店经营者要通过关注和深入了解目标客户，提供更符合其需求的产品和服务，以增加销售额，提高客户忠诚度。

聂小雨在市区开了一家美甲店。刚开始的时候，聂小雨希望每个人都能在她的店里享受到做美甲的乐趣。然而，她并没有意识到对客户进行区分，而是为每一个顾客都提供相同的服务。因此在开业初期，聂小雨的美甲店虽然吸引了一些顾客，但很少有人成为回头客，更谈不上变成稳定客户。

她开始思考问题所在，通过仔细观察和与顾客交流，她发现，不同的人对美甲的需求和期望是不同的。

于是，聂小雨决定改变经营策略。她进行了深入的市场调研，了解到附近有很多年轻上班族，她们注重时尚、个性，对美甲有一定的需求。于是，聂小雨明确了目标客户群体，开始有针对性地推出服务。

首先，聂小雨引入了更多时尚元素和个性化设计，符合目标客户的审美需求。其次，她还培训了专业的美甲师，提升了服务质量。同时，为了吸引目标客户，聂小雨推出了会员制度，定期推出折扣和赠送礼品的活动。最后，她积极利用社交媒体平台进行宣传，分享美甲设计案例，增加了店铺的曝光度。

这一系列的改变很快见到成效。年轻上班族纷纷成为聂小雨美甲店的忠实客户，店里变得热闹非凡。她们不仅成为回头客，还带来了更多新客户。聂小雨逐渐发现，注重区分目标客户和提供有针对性的服务，不仅能够提高顾客满意度，还能够有效吸引更多潜在客户，使她的美甲店在竞争激烈的市场中脱颖而出。

由此可见，明确目标客户对门店经营具有重要意义。如何寻找真正的目标客户呢？在此为你分享寻找目标客户的六大绝招。

1. 利用社交网络接触更多客户

网络和社交软件是扩大影响力的有力武器，经营者一定要充分认识到它们的重要性并学会利用它们。在这些平台上发布有关自己门店的信息，可以更好地向潜在客户展示门店和产品。这些信息包括店铺介绍、产品介绍、优惠活动等，它们能够吸引潜在客户的关注并激发他们对门店的兴趣。

朋友圈、微博、抖音等平台的推广成本相对较低，但效果却非常好。通过定期发布有价值、容易记忆的内容，可以吸引更多的潜在客户，让更多人知道门店的存在。以饭店为例，如果你的门店是一家湘菜馆，你利用抖音发布了一些推广视频，然后被一些人看到了，并在这些人心里留下了印象。那么等到这些人想吃湘菜的时候，也许就会想到你的湘菜馆。

2. 多举办有吸引力的活动

看到"如何找到目标客户"这个问题时，相信很多人第一时间想到的方法就是举办一些优惠活动。但是，人人都能想到的方法，将它做出彩、做出差异化，就显得尤为重要。以下是一些行之有效的建议。

（1）拟定有趣、有吸引力的主题。给活动拟定一个有趣的主题，能够吸引更多关注。这个主题可以与店铺的产品或服务相关，也可以与当前热点话题相关。

（2）提供独特的体验。设计活动时，要注重为客户提供独特、与众不同的体验。可以考虑加入特色娱乐活动、创意互动环节或限时优惠等内容，让参与者感到新鲜和独特。

（3）要顾及实际需求。要确保活动与客户的实际需求相关，并提供实用价值。举个例子，如果是销售运动设备的门店，那么举办的活动可以着眼于提供专业的运动知识，比如如何在跑步的时候保护膝盖、如何挑选合适的运动设备等，与实际生活相关联可以让客户感到参与活动是值得的。

（4）要有彩头。要提供有吸引力的奖励，例如礼品、折扣券、免费样品等。这些奖励可以吸引客户积极参与，增加活动的参与率。

3. 提供优质产品

不管在哪个行业，也不管开一家什么样的门店，经营者和客户都是一种交易关系，而产品则是建立、维持这种交易关系的基础。如果产品质量达不到客户的心理预期，那么宣传得再好、活动奖励再多也无济于事。

4. 提供良好的用户体验

不论是线上还是线下的生意，用户体验的好坏都是决定生意成功与否的关键因素。

用户体验不仅仅是指用户在使用产品或服务时的感受，更包括用户在整个消费过程中的体验。无论是购买、使用还是售后，用户体验都无处不在。如果用户在任何一个环节中感到不方便或不满，就会直接影响到用户对门店的满意度和忠诚度。

门店不仅仅是一个销售产品的场所，更是一个提供服务的场所。从客户进店的那一刻起，用户体验就开始了。店内的环境、产品的陈列、员工的态度和服务质量，都会影响到用户体验。所以，经营者必须十分关注并持续提升用户体验。

5. 定期收集目标用户的消费体验信息

在经营过程中，很多细节是经营者难以注意到的。因此，门店的经营者就要定期进行简单的用户调研，直接询问目标用户的需求和建议。通过他们反馈的信息，经营者可以及时调整经营策略，更好地满足目标用户的需求和期望。

6. 宣传好口碑

一般来说，如果门店能抓住目标用户，就说明这些用户对门店的产品和服务是有较好的印象和评价的。对于门店来说，利用好这些好评和口碑，是吸引更多目标用户的重要手段。因此，经营者可以设法鼓励用户在社交媒体上分享他们的消费体验。

找到更多的目标用户，意味着门店有了更为稳健的生存保障。这些目标用户不仅可以帮助门店提高销售额、增加利润，还可以为门店做好口碑宣传，从而吸引更多的潜在用户。通过不断地扩大用户群体，门店的生存空间也将得到进一步的拓展，有利于门店在竞争激烈的市场中立于不败之地。

抓住目标客户的前提是找准他们的需求

　　如果说接触到目标客户是创业的第一步，那么抓住目标客户就是第二步。想要抓住目标客户，就要思考一个关键的问题：他们为什么要成为门店目标客户？答案其实也很简单，那就是门店能找准并满足他们的需求，并且是长期、持续、稳定地满足他们的需求。

　　李亮开了一家智能生活馆。但是在这座小城里，已经有了很多同类门店，产品也相差不大，李亮深知自己面临的竞争非常激烈。

　　想要在同质化严重的竞争中脱颖而出，如果走性价比路线，最终很有可能陷入价格战，这明显不是李亮想看到的。为此，李亮思考了很久，最后找到了一条出路：通过找准目标客户的痛点，解决他们的真实需求，来确立自己门店相较于其他同类门店独特的竞争优势。他聘请了专业的调研团队，通过问卷调查、深度访谈等方式，深入了解了潜在顾客的消费痛点。

调研结果显示，消费者在消费过程中最关心的是产品的实用性和耐用性，最令他们感到困惑的则是技术方面的问题。于是，李亮决定将门店的定位调整为"为您解决科技难题，让生活更智能"。他在店内设立了一个小型的技术咨询中心，聘请了专业的技术人员，为顾客提供实时的科技产品咨询服务和技术问题解决方案。

除此之外，李亮还推出了一系列的技术服务，包括设备安装、使用指导、维修保养等。他意识到很多人虽然对科技产品感兴趣，但复杂的使用步骤令他们望而却步。通过提供专业的服务，李亮成功地解决了顾客消费中的痛点。

这种专业的服务使得李亮的门店在同类门店中脱颖而出，他的门店渐渐积累了大量的目标客户。他们不仅因为消费体验良好而成为回头客，更因为门店人员在科技领域提供的专业解答而成为李亮门店的忠实顾客，李亮因此在激烈的市场竞争中胜出。

想要抓住客户的需求，可以参考下列方法。

1. 确定真正的需求者

这一点是什么意思呢？举个例子大家就能明白。比如，你开了一家玩具店，从表面上看，你的目标客户是喜欢玩具的儿童。但是从本质来看，真正的需求者其实是儿童的父母。

再比如，你开了一家老年人服饰店，从表面上看，你的目标客户是老年人，但实际上真正的需求者是老年人的子女。因为老年人一般很少自己去逛商店买衣服。

当经营者确定了真正有需求的群体时，也就在很大程度上明白了一部分客户的需求是什么。接下来要做的，就是发掘这一群体真实的、全部的需求，并设法满足他们。

2. 观察你的竞争对手

孔子曾经说过："三人行，必有我师焉。"这句话告诉我们，无论身处何处，都可以从身边的人身上学到一些东西。同样，与同行之间，不仅可以相互竞争，还可以互相学习借鉴。当同行取得成功时，门店的经营者可以学习他们的经验，深入了解他们是如何发现、满足客户需求的；当同行失败时，门店的经营者更应该吸取教训，避免犯同样的错误。

3. 确定客户共同的痛点

有的时候，某个痛点并不是某一个客户恰好遇到的，而是市场中大多数目标客户都面临的，是多数人的共同需求。这些需求可能涉及产品或服务的各个方面，如功能、性能、价格、服务质量等。如果能准确地找出这些需求，那么在服务客户的时候，门店就可以更加有针对性地满足客户的需求，从而提高客户的满意度和忠诚度。

4. 分析销售数据

在商业世界中，常常会遇到各种复杂的情况和难以捉摸的因素，但有一件事情是绝对可靠的，那就是数据。数据不会说谎，它是客观存在的，无论被如何解释或解读，它都是真实而准确的。

销售数据是反映门店运营状况的重要指标之一，它能够清晰地告诉经营者，门店的哪些产品卖得好，哪些产品滞销。通过对销售数据的分析，经营者可以总结出卖得好的产品为什么那么吸引客户，这些吸引客户的点又有哪些共通之处。这些吸引客户的共同点基本上就反映了客户的需求。

例如，如果一款产品的销售额一直很高，那么经营者就可以分析它的特点，如价格、品质、设计、功能等，看看这些特点是否符合客户的需求。如果符合，那么门店就可以进一步推广这款产品，或者开发类似的产品来满足客户的需求。

用这些方法把目标客户变为你的回头客

在城市里的某条街道上，张志开了一家名叫"蛋香坊"的手工蛋糕烘焙店。

从一开始，张志就注重食材的质量，每一次选材都精挑细选，只选用最新鲜、最优质的食材。他认为，只有优质的原材料才能制作出口感细腻、味道醇厚的蛋糕。这一用心之处逐渐让顾客相信，蛋香坊的蛋糕的品质是有保障的。

张志还在蛋糕的造型上倾注了心血。他深谙蛋糕制作艺术，每一款蛋糕都独具匠心，无论是生日蛋糕还是节庆蛋糕，它们都以精美的外观吸引了不少食客的眼球。顾客纷纷感叹，这些蛋糕不仅味道好，连外观都美得让人舍不得下口。

在价格方面，张志一直坚持走亲民路线。他认为，高品质的美味不应该只提供给少数人品尝，而是应该让更多人都能够品尝到。因此，他设定了合理的价格，让人人都能负担得起美味的蛋糕。

在张志和客户的眼里，蛋香坊并不仅仅是一家蛋糕店，更是一家传递温暖的甜品屋。张志和他的团队注重与顾客的互动，他们温馨的服务和真诚的微笑让每一位顾客感到宾至如归。这种亲切感和关怀使顾客们愿意成为蛋香坊的回头客，有的顾客甚至在第一次购买后就深深地被这家门店所吸引了。

张志定期推出新品，不仅是为了满足顾客对新奇口味的追求，更是为了展示他在烘焙领域的创新能力。这使得顾客们感到总有新的惊喜等着他们，也进一步增强了他们再次光顾的动力。

蛋香坊因用心、美味的甜品和贴心的服务而成为这座城市里的烘焙门店中的一颗璀璨的明珠。张志不仅成功地实现了自己的烘焙梦想，也在城市中赢得了一大群对他的蛋糕情有独钟的回头客。

回头客无论是对知名品牌还是对街边小店来说，都是至关重要的。因为回头客不仅代表着客户对门店的忠诚度，还代表着品牌的口碑和信誉。

对于知名品牌来说，回头客的数量是衡量品牌成功与否的重要指标之一。知名品牌通常拥有较高的知名度和美誉度，因此更容易吸引新客户。但是，如果这些新客户只是短暂的消费者，那么品牌的长期发展就会受到限制。因此，知名品牌需要注重培养回头客，通过提供优质的产品和服务，让客户愿意再次购买并推荐给其他人。

而对于街边小店来说，回头客更是关键。街边小店通常没有大品牌的高知名度和美誉度，只能依靠口碑和信誉来吸引客户。如果街边小店能够提供优质的产品和服务，让客户感到满意并愿意再次光顾，那么这些客户就会成为街边小店的忠实粉丝，为店铺带来更多的生意。

此外，回头客还代表着客户对门店的信任。如果客户对某个品牌或店铺的产品和服务感到满意，那么他们就会对这个品牌或店铺产生认可，愿意再次购买或推荐给其他人。这种信任和认可有助于提高客户的满意度，为店铺带来更多的口碑宣传和推荐，从而促进品牌或店铺的长期发展。

想要目标客户成为门店的回头客，经营者可以尝试下列方法。

1. 打造好产品

经营者和客户之间不仅仅是交易关系，更联结了信任和情感。在这个关系中，产品作为第一锚点，起着至关重要的作用。

想象一下，你去一家饭馆用餐，结果菜品不仅卖相非常差，味道也毫无出彩之处。在这种情况下，你会怎么想？你可能会感到失望和不满，甚至会怀疑这家饭馆的菜品品质和服务。这样的体验不仅会影响你对该饭馆的印象，还可能导致你不再光顾该饭馆，更不会向朋友推荐该饭馆。

一个好的产品可以让客户感到满意和信任，增加客户对门店的忠诚度。所以，要想让目标客户成为回头客，首先要把自己的产品做好。这不仅包括产品的品质，还包括产品的包装和设计。

2. 服务要到位

对于许多小门店来说，要做到无微不至的高水平的服务可能并不容易。但是，这并不意味着门店可以降低服务标准，对客户冷漠，完全不关心他们的需求。

事实上，无论门店大小，服务始终是吸引和留住客户，让他们成为回头客的关键。门店可以在细节上展现出对客户的关心。比如：当客户进门时，经营者可以用一句温暖的"欢迎"来迎接他们；当他们消费完毕准备离店时，经营者也可以微笑地说一句"慢走"，以此表达对客户的关心和尊重。

实际上这些细节都能够给客户留下深刻的印象，因为这些举动传达出门店对客户的情意，这正是客户期望从商业交易中获得的情绪价值。因此，即使小门店的服务不能与大品牌的相提并

论，也可以通过这些简单而真挚的方式，让客户感受到门店的诚
意和专业。

此外，对于小门店来说，提供优质的服务还有一个额外的优
势，那就是优质服务可以成为门店与大型连锁店或大品牌竞争的
差异化优势。因为大型连锁店或大品牌可能无法像小门店一样，
为每一个客户提供个性化、细致入微的服务。通过这样的服务，
就可以让更多的客户成为门店的回头客。

3. 定期推出优惠活动

优惠活动无疑是吸引客户的一大绝招。当门店能够稳定地、
持续地推出一些活动时，比如会员积分、临近过期产品降价销
售、消费金额满额兑换礼品等，这些活动就像一块块磁铁，吸引
着客户们纷纷前来。

更关键的是，活动不仅能够吸引新客户，也能够留住老客
户。当客户为了这些活动而自愿成为门店的回头客时，门店的销
售额和口碑也会随之提升。

用户画像：更深入地了解你的客户

　　所谓用户画像，通俗来讲就是给目标客户贴标签，把他们划分为不同的群体。常见的用户画像基本包括用户的社会属性、消费偏好、需求和期望、用户价值等几个元素。当然，门店也可以根据自己的实际情况删除或增加元素，只要能够清晰地描绘目标客户即可。

　　很多人都有这样的疑问：门店明明可以直接接触客户，为什么要费这么大的力气去收集用户信息，构建一个虚拟人物模型呢？答案很简单：用户画像可以帮助门店的经营者更深入、清晰、全面地了解目标客户，进而使自己的产品和服务更加有针对性，更能吸引、打动目标客户。

　　详细来说，构建用户画像对经营者的价值有以下几点。

1. 有利于提供更有吸引力的产品

　　通过用户画像，经营者能够更加精准地把握目标用户的需求、偏好和期望。如此一来，门店在改进产品的时候，就相当于有了一个模板，从而大大地降低了推出新产品时失败的风险。同时，这种细致入微的了解，还能帮助门店更好地满足用户的需求，提高产品质量和用户体验，从而提高产品的市场适应性和用户满意度。

　　此外，掌握目标客户的消费偏好、需求和期望等信息后，门店可以为用户提供更加个性化的服务和营销策略，从而提高用户的忠诚度和购买意愿。

2. 提供个性化的服务和体验

　　用户画像对于门店来说，就像是一面放大镜，能够清晰地反映出用户的消费习惯和兴趣爱好。基于这些信息，门店可以提供更加个性化的服务和购物体验，从而增加用户的黏性和忠诚度。

　　举个例子来说，一家美甲店如果能够掌握某个客户的喜好、痛点等信息，那么在推荐美甲款式的时候，就能够更有针对性，也更容易获得对方的认可。这种个性化的推荐方式，不仅能够提高客户满意度，还能够增加销售量。

除了个性化的产品推荐，门店还可以推出定制化的促销活动。这些活动可以根据目标客户的喜好和需求进行设计，让客户有被特殊服务的感觉。比如：针对喜欢时尚潮流的客户，可以推出与时尚相关的促销活动；针对注重健康的客户，可以推出与健康相关的促销活动。这样的定制化促销活动，不仅能够吸引更多的客户，还能够增加客户的忠诚度。

3. 定位更多的目标客户

门店拥有了清晰的用户画像，就等于手握一份"目标客户寻找指南"。这份指南为门店提供了明确的指引，能帮助门店更加精准地定位目标客户。

通过这种精准的定位，经营者可以将资源集中在那些最具潜力的客户群体上，使得门店在营销活动中的投入更有指向性，从而提高了营销的效果，也提升了投资回报率。这就像是射靶，门店只瞄准那些中心点，每一箭都射向最有可能击中的地方，这样不仅提高了命中率，还节省了箭矢。

此外，用户画像还能帮助经营者更好地把握市场动态和竞争状况。通过对比和分析门店的用户画像与竞争对手的用户画像，就有可能发现市场的空白点，找到门店的优势和劣势，从而制定出更具有针对性的营销策略。

4. 与客户保持良好沟通

在足够了解用户之后，门店在服务客户的时候，就可以选择他们最喜欢、最能接受的沟通方式。如果是一家开在大学门口的美食店，经营者就可以选择通过微信群、QQ群等方式与大学生客户沟通，把今日菜单、新菜单、优惠活动等信息及时传递给他们。大学生群体普遍长时间使用手机，因此这种线上沟通方式更容易吸引他们的注意力。

顺畅良好的沟通，往往代表着门店与客户双方对彼此会有更深层次的了解和信任。以这种了解和信任为基础，自然可以达成更多的交易。

5. 动态优化用户画像

用户画像的建立是一个动态的、不断改进的过程。因为随着时间的推移，客户的消费习惯、喜好、痛点等都会变，这也就意味着门店此前构建的用户画像将不再准确。

因此，门店需要不断收集和分析用户反馈的信息，不断优化用户画像。这有助于门店及时调整产品、服务和营销策略，以适应市场的变化，保持竞争力。

05

精准宣传，
让更多人知道你

店面宣传要抓住客户的眼球

如今，几乎每座城市的每一条大街边，都是门店林立，有的是相同行业的，有的则是不同行业的。那些相同类型的门店，有的没有在门口做任何宣传，有的则在门口摆满了宣传海报。大家如果仔细地观察就会发现一个很有意思的现象：用心做宣传的门店的生意往往要比没有做宣传的门店的生意好很多。

出现这种现象的原因在于，人们往往根据外观形成第一印象，这一规律不仅适用于人与人的交往，也深刻影响着消费者对门店的初步认知。如果一家门店的宣传海报能瞬间吸引客户的眼球，那么其上写明的优惠活动则会让门店的吸引力更上一层楼。如此一来，即便是第一次光临的人，也会在诸多同类型的门店中选择这家门店。这便是宣传对门店的重要作用。

在某座小城市里，刘英开了一家面馆。不过周围竞争激烈，有很多门店经营着类似的生意。他的生意在刚起步的阶段并不怎么出色，因为他的面条虽然口味不错，但缺乏让人眼前一亮的特色，很难给人留下深刻的印象。

为了改变这一局面，刘英决定开展一场独特的宣传活动。他在面馆门口贴了一张引人注目的宣传海报，上面清晰地写着"今日特惠！第二十位、四十位、六十位……顾客免单！""新口味上线，前十位尝鲜半价！"等吸引眼球的活动内容。

这张宣传海报不仅吸引了过路行人的眼球，还引起了社交媒体的关注。刘英精心设计了一系列宣传图文，借助社交平台广泛传播。图文中，活动内容一目了然，美食图片令人垂涎，立即引起了很多人的好奇。

很快，刘英的面馆就变得热闹非凡。有的顾客专程走了几条街只为免单或半价而来，有的因为新口味的诱惑而纷纷尝试。面馆门前排起了长队，店内一片热闹景象。

通过这次独特的宣传活动，刘英不仅成功吸引了大量新客户，还在社交媒体上积累了良好的口碑。在此基础上，他的面馆在激烈的竞争中逐渐脱颖而出。

一次独特、有趣、有创意的店面宣传活动或是一张内容丰富的宣传海报，能够直接让客户记住门店并在心中将其与其他同类型的门店区分开来。从某种意义上来说，这也是差异化竞争的一种方式。通过宣传活动，门店可以在瞬间吸引住行人的目光，吸引他们走进门店一探究竟。只要客户愿意走进门店，那么接下来留住他们，刺激他们消费，相对来说就会容易得多。

当然，想要宣传活动有足够的吸引力、影响力，也不是一件容易的事情，需要从以下几个方面着手。

1. 活动要足够吸睛

门店做宣传最主要的目的就是吸引更多的人走进门店，那么足够吸睛就是活动的第一要素。

首先，颜色搭配是吸睛的关键。不同的颜色可以引起人们不同的情感反应，所以选择合适的颜色组合对于吸引人们的注意力至关重要。例如：暖色调如红色、橙色和黄色可以引起人们的兴趣、激发人们的热情，而冷色调如蓝色、绿色和紫色则可以营造平静、放松的氛围。

其次，选择与活动主题相关的图像可以更好地传达活动的信息，吸引人们的注意力。例如：如果活动是关于美食的，可以选择美食图片或烹饪场景图片；如果活动是关于旅行的，可以选择旅游景点图片或旅行场景图片。

最后，宣传材料的整体设计需要协调、美观，易于阅读和理解。同时，要选择合理的尺寸和材质，使其在各种场合下都能够引起人们的注意。

2. 传递的信息要清晰明了

无论是什么样的宣传活动，都必须把门店想要传递的信息和内容清晰明了地展现出来，因为客户的时间和耐心都是有限的。

一方面，宣传活动的主题应该突出、醒目，能够吸引客户的注意力，还必须简单明了，让客户一眼就能明白活动的核心内容。同时，主题应该与门店的品牌形象和目标客户群体相契合，以增强活动的针对性和吸引力。

另一方面，宣传活动的说明内容应该排版清晰、简洁明了。说明内容应该包括活动的具体规则、参与方式、奖品或优惠等关键信息。这些信息应该以简洁明了的方式呈现，避免使用过于复杂的语言或表述方式。同时，说明内容应该易于理解，避免出现歧义或误解。

3. 要有引导客户的决定性语句

所谓引导客户的决定性语句，就是告诉那些被门店宣传活动吸引的人接下来要做什么，它能够有效地引导潜在客户采取下一步的行动。对于门店宣传活动来说，一个好的决定性语句可以吸引更多的客户，并促使他们采取积极的行动。

以一家主营皮肤养护的门店为例，他们通过宣传自己拥有优秀的护肤技巧来吸引客户。然而，仅仅强调这一点并不足以让客户进店体验。因此，除了基础信息之外，他们需要一句决定性的语句来引导客户采取行动。例如："快进店亲身体验吧！"或者"进店，让你的皮肤焕然一新！"这样的语句能够激发客户的好奇心和消费欲望，促使他们走进门店体验。

同样，如果一家奶茶店举办优惠活动，仅仅说店内有优惠活动并不足以吸引客户前来参加。因此，宣传活动需要说明客户参加活动的具体步骤和方法。例如："只需关注我们的公众号，即可获得一杯特价奶茶！"或者："在店内消费满××元，即可享受一杯免费奶茶！"这样的语句能够明确告诉客户如何参与活动，并激发他们的购买欲望。

4. 设计一个便于分享的方式

既然要宣传，就不要满足于让看见活动的人知道，更要让这些人也在朋友圈宣传。因此，在设计活动的时候，如何让参与活动的客户分享你设计的活动，是一个需要认真考虑的问题。

首先，分享的过程一定要简洁、便捷。如果分享步骤过于烦琐，客户可能会因为麻烦而不愿意分享。因此，在设计活动时，应该考虑到客户分享的便利性。例如，可以在活动现场设置一键分享按钮，让客户可以快速地将活动信息分享到社交媒体上。

其次，可以用小礼品刺激用户分享。例如，在活动现场设置一个抽奖环节，让客户有机会获得小礼品，同时要求他们将活动信息分享到社交媒体上才能参与抽奖。这样不仅可以增加活动的趣味性，还可以让更多的人知道门店的活动。

最后，分享出去的内容一定得是最重要、最能解释门店活动的内容。如果分享的内容不够吸引人或者不够清晰明了，那么客户可能会选择忽略或者快速划过。因此，在设计活动时，应该考虑到如何让分享的内容更加吸引人、更加清晰明了。例如，可以使用简洁明了的语言和简单的图片来展示活动的内容，同时强调活动的独特性和吸引力。

宣传活动要符合门店的气质

　　穿衣风格能反映一个人的气质，宣传活动就好像是一个人的衣服，如果跟门店的气质不符，即便活动本身再出色，也会显得不伦不类，难以达到经营者想要的效果。

　　举个例子：一家生日蛋糕店想要举办一个宣传活动，那么门店的布置主题应该是偏向于温馨、幸福、快乐的，因为进到店里的客户，绝大多数都是为了庆祝生日而来买蛋糕的。过生日是一件幸福的事情，但如果门店将活动主题定为科幻，着重展示科幻世界的炫丽、神秘、奇特，那么这个主题便无法跟门店的产品联系起来，也无法跟过生日的快乐氛围联系起来，即便活动吸引了再多人，实际的转化效果也不会很理想。

李梅开了一家女装店。她对时尚和美的独特理解让她的门店装修充满了艺术氛围，这与她所卖的衣服风格完美匹配。店内装修高雅而现代化，吸引了不少时尚爱好者的目光。

随着时间的推移，李梅发现了一个问题：虽然店面的氛围和产品受到了顾客的好评，但顾客流量并没有达到预期。于是，她决定通过一次独特的宣传活动，为店铺注入更多活力。

李梅策划了一场名为"时尚之夜"的宣传活动。在这场活动中，她邀请了当地一位较为知名的"网红"作为特邀嘉宾，同时在店内设置了专业的摄影区，为顾客提供免费的时尚拍照服务。整个门店变成了一个充满艺术感的时尚秀场，与店内的装修风格完美契合。

在宣传活动中，李梅通过社交媒体广泛宣传，展示了店铺的装修、产品和活动氛围。她还推出了限时优惠和抽奖活动，以吸引更多人参与。

活动当天，女装店门前聚集了大量的顾客和过路行人。店内音乐轻快，灯光温馨，顾客们在欣赏时尚展览的同时，也纷纷参与了拍照和购物。"网红"的推荐让活动更具吸引力，顾客们纷纷分享照片和活动体验，让门店有了良好的口碑。

这次宣传活动的成功让女装店的知名度大增，吸引了更多的目标客户。

李梅通过精心策划的活动，成功地将门店的整体风格与活动主题相融合，为门店带来了更多销售机会。这也说明了，合理的宣传活动能够更好地传递门店形象，吸引更多的潜在顾客。

因此，门店的经营者在举办宣传活动时，要考虑活动与门店风格的搭配问题。想要做到这一点，经营者需要考虑以下关键因素。

1. 品牌定位

在策划宣传活动时，必须让活动安排与门店的品牌定位保持一致，这样才能更好地传递品牌信息，吸引目标顾客。

如果门店定位为高端奢华，那么在宣传活动的设计上，应该突显出门店高品质、独特和精致的特点。比如，可以通过展示产品的高质感、独特设计和优质材料来吸引高端消费者。同时，宣传活动的场地选择、布置、音乐、服务等也要体现出奢华感、高雅感，让顾客感受到品牌的尊贵和独特。

如果门店定位是面向大众的快捷服务，那么宣传活动则更应注重实惠和便捷。可以通过推出优惠活动、快速服务、赠送小礼品等方式来吸引大众消费者。此外，在宣传活动的场地选择、布置、音乐等方面也要体现出简洁、明快的特点，让顾客感受到品牌的快捷、高效。

2. 门店风格

很多门店都有自己的设计和装饰风格，它不仅仅是一个外在的形象展示，更是一个独特的气质标识，能够反映出店面的品牌形象、经营理念和价值观。一个好的门店设计不仅能够吸引顾客的眼球，还能够让顾客在店内产生愉悦的消费体验，从而提升门店的销售额和口碑。

例如：经营年轻人喜欢的时尚品牌的门店会采用简约、时尚、明亮的装修风格，以吸引年轻人的眼球；而经营中老年人喜欢的传统品牌的门店，则应该采用怀旧、古典的装修风格，以迎合中老年人的审美观。

因此，经营者在举办宣传活动时，要确保宣传活动的视觉元素与门店的风格相协调，保持一致的视觉形象。

3. 目标客户与宣传方式

门店举办宣传活动的目的是吸引更多的目标客户，所以活动的内容和形式应该主动迎合这一人群的喜好与需求。为了更好地实现这一目标，门店经营者需要深入了解目标客户的偏好和需求，以便设计出更加吸引他们的活动，增强宣传效果，提高客户参与度。

例如：如果目标客户是年轻人，那么他们可能对有趣、具有创新性、时尚的活动更感兴趣；如果目标客户是中老年人，那么他们可能更喜欢实用性强且性价比高的活动。

此外，宣传活动的渠道和形式也是需要经营者特别考虑的一个重点。在当今这个信息爆炸的时代，宣传渠道和形式多种多样，如何选择合适的渠道和形式成了一个重要的问题。例如，宣传渠道和形式有社交媒体、广告、传单、短信等，需要门店根据目标客户群体的特点去选择最合适的一种。

4. 季节和市场状况

针对不同的季节和时机，宣传活动的类型和内容也需要进行灵活的调整，以便更好地提高门店知名度，从而吸引顾客。这种策略不仅需要考虑到季节特点和市场状况，还要对门店气质有深入的理解和把握。

一方面，每个季节都有其独特的魅力和特点，所以宣传活动的策划也需要因时而异。例如：在春季，可以举办一些与新生有关的宣传活动，如新品上市、促销等；在夏季，由于天气炎热，人们更倾向于选择一些轻松、舒适的活动，所以可以在宣传活动中加入一些休闲娱乐的元素，如免费凉茶、雪糕等；在秋季，人们开始为冬季储备物资，可以举办一些与囤货有关的宣传活动，如打折销售、满额赠品等；在冬季，由于天气寒冷，人们更倾向于选择一些温暖、舒适的活动，因此可以在宣传活动中加入一些热饮、暖食等元素。

　　另一方面，市场状况也是影响宣传活动策划的重要因素。如果市场竞争激烈，就需要在宣传活动上更加用心，以吸引更多的消费者。例如，可以通过增加活动的互动性、趣味性来提高消费者的参与度，或者通过提供更优惠的价格、更精美的赠品等来吸引消费者。如果市场状况良好，则可以在宣传活动中更加注重门店形象的塑造和提升。

常复盘，能让活动更有吸引力

　　一次宣传活动结束的节点，不是把所有宣传材料都收到仓库，员工都回到正常工作节奏的时候，而是门店的经营者反思这次活动为什么成功或者为什么失败的时间点。经营者不仅要知晓活动的结果，更要深刻理解出现这一结果的内在因素。门店经营者要常常复盘，这样既能了解活动的直接表现，又能洞悉成败背后的原因，才能最大程度地发挥宣传活动的价值和作用。

　　不管宣传活动成功与否，门店经营者都要进行复盘。

　　一方面，对于宣传活动的成功，经营者需要明确成功的因素。这些因素可能包括：活动策划精心，吸引了消费者的眼球；宣传材料的设计和内容恰到好处；营销策略得当，比如选择了合适的推广渠道和定价策略等。此外，成功还可能源于市场环境的有利因素，如市场需求旺盛、竞争者表现较弱等。了解这些因素，门店经营者就能在未来的活动中更好地复制成功经验。

另一方面，如果宣传活动失败了，门店经营者同样需要深入分析失败的原因。是策划不够周全，还是宣传材料的设计和内容未能引起消费者的兴趣？是营销策略不合适，还是市场环境不利？找出这些原因，门店经营者可以有针对性地改进活动方案，避免重蹈覆辙。

为了更全面地了解宣传活动成功或失败的原因，门店经营者在进行复盘的时候，可以通过以下途径获取更多的信息。

1. 收集和分析消费者的反馈信息

在宣传活动中，消费者不仅是信息的接收者，还是活动的参与者。他们的参与程度和反馈信息对于活动的成功与否起着至关重要的作用。因此，了解消费群体的反馈信息是宣传活动中的一项重要工作。通过收集和分析消费者的反馈信息，经营者可以评估活动的目标是否达成，还可以了解活动的成功之处和不足之处。

在评估宣传活动的效果时，经营者需要将消费者的反馈信息与活动的种种细节和目标进行比对。如果消费者的反馈信息与活动的目标相契合，那么活动就取得了成功；如果消费者的反馈信息与活动的目标存在较大的差异，那就需要重新审视活动的策略和细节，并对其进行改进。

2. 对员工进行访谈和调查

员工是活动执行的主体，他们站在第一线，亲身体验了活动的每一个环节。在活动进行的过程中，他们对活动的实际状况有着最真实、最直观的感受。因此，在进行活动复盘时，经营者应当充分听取员工的意见和想法。

比如在活动执行的过程中，员工往往会遇到一些预料之外的问题，这些问题可能会影响到活动的顺利进行。而这些问题，往往也是经营者在复盘过程中容易忽视的。因此，听取员工的意见和想法，可以帮助经营者更全面地了解活动在执行中存在的问题，从而更好地进行总结和反思。

此外，听取员工的反馈意见是提高活动执行效果的重要途径。员工在执行活动的过程中，对于流程、细节等方面有着最直接的体验，他们可以提供一些实用的建议，这些建议往往能够优化活动的执行效果，提高活动举办的质量。

在进行活动复盘时，经营者可以采用多种方式听取员工的意见和想法。例如：可以组织员工进行小组讨论，鼓励他们分享经验和看法；也可以进行个人访谈，深入了解员工在活动执行中的感受和想法。

还需要特别强调的是，有一个重要因素决定了复盘的成功与否，那就是经营者对复盘这件事的情绪和态度，经营者在复盘时应秉持以下几点原则。

1. 敷衍的复盘不如不做

对宣传活动进行事后复盘是一项非常重要的工作，它不仅是为了总结本次活动，更是为了提升下次活动的质量。通过复盘，经营者可以了解到本次活动的亮点和不足，从而为下次活动提供有价值的参考。

然而，如果经营者只把复盘当作一项可有可无的任务，不尽心尽力，那还不如不复盘。因为敷衍的复盘不仅不能提供有价值的反馈信息，还可能误导门店人员对活动的认知，进而影响下次活动的策划和执行。

2. 保持客观和全面

在复盘时，经营者需要避免以偏概全或过度归因。一次成功的活动可能不仅是某个策略的功劳，而是团队中每个人都尽了自己的一份力，是共同协作的结果。

同样，一次失败的活动也可能并非某个策略的过错，而是由于多种因素的综合影响。在复盘时，经营者需要进行全面的反思，分析失败的原因，并从教训中找出改进的方向。

要做到客观与全面，需要门店所有人保持开放的心态，勇于承认自己的错误和不足，并积极寻求改进的方法。

3. 重视细节和执行过程

在活动策划和执行过程中，门店往往会把更多的精力放在活动的主题、流程、人员等方面，而忽略了一些细节和执行层面的因素。然而，这些因素往往会对活动的成败产生决定性的影响。

在活动复盘时，经营者需要对活动的每一个细节进行仔细的回忆和认真反思。这包括活动的流程，人员的分工和配合，现场的布置和氛围，活动的宣传和推广，等等。

例如：在活动的流程方面，如果某个环节出现了时间上的延误或者衔接上的问题，就可能导致整个活动的失败；在人员的分工和配合方面，如果某个岗位的人员没有充分发挥自己的作用或者与其他岗位的人员配合不够默契，也会对活动的成败产生影响；在现场的布置和氛围方面，如果现场布置得不够美观或者氛围不够热烈，就会让参与者感到不满意甚至失望。

通过对这些细节的关注和反思，经营者可以发现活动成败的真正原因，从而为今后的活动策划和执行提供有价值的参考。

4. 持续学习和改进

在竞争激烈的商业环境中，每一个门店的经营者都深知，无论活动的结果是成功的还是失败的，这都不是终点，而是一个新的起点。成功的活动固然值得庆祝，但更重要的是从中汲取经验，分析哪些策略奏效了，哪些环节还有改进的空间。而面对失败，经营者更不能气馁，而应该冷静地反思，探究失败的原因，从而找到改进的方向。

持续学习，是每一个经营者必备的素质。市场在不断变化，消费者的需求也在不断地更新和升级。只有不断地学习新知识、新技能，才能跟上时代的步伐，满足消费者的需求。这种学习并非仅仅局限于书本知识，更多的是在实践中学习，通过每一次活动的亲身实践，积累经验，发现问题，寻找解决方案。

而改进，则是持续学习的直接体现。每一次活动结束后，经营者都应该对活动进行全面评估，分析活动的得失，找出问题所在。然后，针对这些问题，制定改进措施，优化策略，提升技巧。这种改进不仅仅是针对某一次活动的，更是对整个门店运营模式的改进。只有不断地改进，才能让门店在未来的活动中更加成熟、更加稳健，从而提高活动的成功率。

因此，对于门店的经营者来说，持续学习和改进是永恒的主题。只有不断地学习、不断地改进，才能在竞争激烈的市场中立于不败之地，让门店在每一次活动中都能够取得更好的成绩。

线上宣传的五大途径

在全民上网的时代，线上宣传是每一个创业者都必须掌握的宣传方法。大家可以想一想：自己生活中见到过的大大小小的店铺，哪一个能完全脱离互联网？如果真存在这样的店铺，那么和同行相比，它的生意又如何呢？不用说，肯定是大大落后的。

因为相较于单一的线下宣传，线上宣传活动的形式不仅丰富多样，还具备以下的优势。

1. 覆盖面更广，触达人群更多

线上宣传的最大优势之一是它能够超越地域的限制。这意味着商家可以通过线上宣传活动，在同一时间影响到全国各地的客户。这种优势是传统的线下宣传所没有的。

以一家美食店为例，如果它能够举办一次成功的线上宣传活动，那么它就可以把自己的品牌信息传递给全国各地的客户，这就是"网红"店成功的原因。这种宣传方式可以让门店被更广泛的受众知晓，从而拓展更多的目标客户。

一个比较典型的案例就是淄博烧烤的"出圈"，它通过线上宣传活动成为全国知名的美食符号。这种宣传方式不仅让更多的人了解到了淄博烧烤，还带动了淄博当地经济的发展。

2. 活动的互动性更强

在数字化时代，无论是在哪个平台，以何种形式举办线上宣传活动，门店都可以通过各种方式与所有的参与者形成即时互动。这种交互性是线下活动所无法比拟的。通过社交媒体、社群、短视频平台等多元化的传播渠道，门店可以实时了解参与者对活动的感受和看法，并及时解答他们的问题。

这种互动不仅有助于提升门店的知名度和品牌形象，更能够加强门店与客户的联系和沟通。在互动过程中，门店可以更好地了解客户的需求和反馈，从而不断优化产品和服务，提升客户满意度。

3. 成本更低

成本低这一点对于刚起步的门店来说尤为重要。

如果进行线上宣传活动，可以用手机拍摄一些短视频，这几乎是零成本，而且短视频的形式更多样，展现的内容也更加丰富。

通过拍摄短视频，门店可以向潜在客户展示产品的特点、优势和使用场景，同时也可以通过创意十足和趣味十足的内容吸引更多人关注和转发。此外，短视频还可以通过社交媒体平台进行分享和传播，进一步扩大门店的知名度和影响力。

了解清楚线上宣传的优势后，接下来要做的，就是选择宣传活动的途径。大家可以参考以下五大途径。

1. 朋友圈

腾讯发布的2024年第一季度财务报告显示，微信及WeChat合并月活跃账户数量已经高达13.59亿。根据这个数据，大家可以合理推断出，门店几乎所有的目标客户都在使用微信。微信已经成为人们日常生活中不可或缺的一部分，无论是社交、工作还是娱乐，微信都扮演着重要的角色。因此，对于门店来说，微信朋友圈是一个非常有价值的营销渠道。

门店通过朋友圈发布店铺的最新活动、产品推荐等信息，可以轻松地让目标客户了解到这些信息。而且，由于朋友圈的社交属性，这些信息会让目标客户觉得更可信，更容易接受。同时，通过个人关系链的传播，朋友圈宣传可以迅速扩大影响力，吸引客户身边的朋友和熟人成为潜在客户。

但是，要想在微信朋友圈中取得好的营销效果，还需要注意以下几点。

（1）发布内容要有趣、有价值，能够引起客户的兴趣和关注。

（2）要注意发布频率和时间，避免过度打扰客户。

（3）要与客户保持互动，及时回复客户的评论和问题。

（4）要根据不同的客户群体制定不同的营销策略，提高营销效果。

2. 社群

社群营销是一种非常有效的推广途径。要想利用好这一途径，可以从两个方面去入手。

一个是门店自己建立的社群，比如微信群。在社群中，经营者可以鼓励群成员转发宣传活动，以扩大活动的影响力。当然，这种转发的前提是给群成员一些专属的福利，例如折扣、赠品等，以激发他们的积极性。此外，经营者还可以通过定期发布有趣、有价值的内容，增加群成员对门店的关注度和黏性，从而与客户建立起更加紧密的社群关系。

另一个是经营者自己添加的其他微信群。在其他的微信群中，经营者可以发布自己门店的宣传活动信息，以吸引更多的潜在客户。同时，通过与其他群成员的互动和交流，可以建立起更加广泛的人脉关系，为自己的门店带来更多的曝光和关注。

在实施社群营销时，需要注意以下几点。首先，要确保发布的内容具有价值和吸引力，能够引起群员的关注和兴趣。其次，要尊重其他群成员的意见和感受，不要过度频繁地发布广告或推销信息，以免引起群成员的反感。最后，要保持与群成员的互动和沟通，及时回应他们的问题，以建立起更加紧密的信任关系。

3. 短视频平台

短视频已经成为当今最受欢迎的信息传递方式之一，无论是年轻人还是老年人，都喜欢通过观看短视频来获取各种信息。因此，对于任何一个想要进行线上宣传的门店来说，短视频都是一种不可或缺的宣传途径。

相对于其他宣传途径来说，短视频宣传具有很多优势。首先，它是一种简单、直接、有效的宣传方式，而且这种宣传方式不需要太多的专业技能和成本投入。通过拍摄短视频，门店可以将自己的产品、服务、特色等展示给更多的人。

其次，短视频宣传可以迅速吸引观众的注意力。在短短的几十秒或几分钟内，短视频可以通过精美的画面、有趣的内容、感人的故事等，吸引观众的眼球，让他们产生兴趣并留下深刻的印象。

最后，要想让短视频宣传达到最佳效果，还需要注意一些细节。例如：要选择合适的拍摄设备，保证视频画面的清晰度和稳定性；要设计好宣传内容，让观众能在短时间内快速了解门店的特点和优势；还要选择合适的发布时间和平台，让更多的人看到门店的宣传内容。

4. 小红书

小红书在某些领域的内容上表现得更为专精，比如美妆、旅游攻略等。因此，在选择宣传途径时，经营者可以根据小红书以下几个特点，自行判断门店的产品是否适合在该平台进行宣传。

第一，小红书的用户群体主要是年轻人，他们对美妆、时尚、旅游等领域有着浓厚的兴趣。因此，如果门店的产品与这些领域相关，那么小红书将是一个非常合适的宣传平台。

第二，小红书更适合一些高质量、有深度的内容。如果你的产品有着独特的故事背景、制作过程或者使用体验，那么小红书的UGC（用户生成内容）模式可以让你的产品更容易被用户接受和认可。

第三，小红书的社交属性非常强，用户可以在上面分享自己的购物心得、使用体验等，这为你的产品提供了一个与用户互动的平台。你可以通过与用户的互动，了解他们的需求和反馈，从而不断优化你的产品。

当然，经营者也要注意到，小红书的用户群体较为年轻，他们对于广告的敏感度较高，比较抗拒直白的商品广告，所以门店需要更加注重发布到小红书上的内容的创意和质量。

5. 专业论坛

相较于其他途径来说，论坛的特点便是专精于本行业、本赛道，其中所讨论的内容也大都跟行业知识和市场趋势有关。对于门店经营者来说，如果想要在专业的论坛中取得好的宣传效果，就必须展现出足够的专业度。

总而言之，这五大线上宣传途径各具特色，适用于不同类型的门店和目标受众。需要强调的是，这五种途径并不是相互冲突的，也就是说，经营者可以选择其中一种来进行宣传，也可以同时选择多种甚至全部的途径，以进行更广泛的传播。

通过巧妙地组合利用这些途径，能够更广泛地传播门店信息，增加线上用户的关注度，为门店的线下业务注入新的活力。

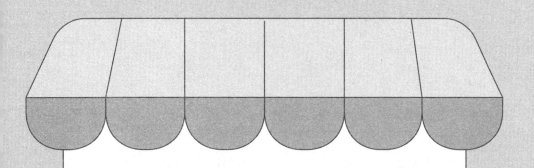

06

深度剖析市场
竞争，让小店脱颖而出

了解你的竞争对手，做到知己知彼

人们常说"创业没有一帆风顺的，一路上都是艰难险阻"，这句话一点儿都不假。而在这些艰难险阻中，有相当一部分困难是来自同行之间的竞争。可能有人会想：那我找一个没有竞争的行业不就得了？然而可惜的是，如今的时代和市场都极其"内卷"，无论是在哪个行业，即便是最细分的赛道，也已经充斥着大量的竞争者。

因此，对于后来的创业者来说，他们需要思考的问题不是找一个没有竞争者的赛道，而是如何了解自己的竞争对手，做到知己知彼，然后努力在日渐残酷的竞争中生存下来。

烧烤是一种深受广大人群喜爱的美食。一方面，受消费者欢迎就意味着生意多，但另一方面，这样的赛道一定存在着大量的从业者，竞争一定非常激烈。创业者李亮就面临着这样的状况。

李亮开了一家烧烤店，为了生意能够继续做下去，他花了很长时间去观察街上的烧烤店，希望能够从中找到自己的出路。

经过仔细的调查总结，他发现大多数竞争对手都以低价策略为主，在食材和口味上却差异不大。李亮意识到，如果他也选择参与价格战，可能很难在众多竞争对手中脱颖而出。

于是，李亮决定以特色的产品和差异化的服务为经营策略。他深入分析了竞争对手的优势和劣势，发现很多店主都忽略了服务体验，而且烤肉的热气、烟味经常让顾客感到不舒适。所以，李亮决定将重心放在改善顾客体验上。

他设计了通风良好的用餐区，让顾客在品尝美味的同时不受烟味干扰。此外，他还引入了一些特色的烤肉调味料，并提供了个性化的服务，例如：服务员会主动询问客人的口味偏好，为客人推荐最合适的烤肉调味料搭配。

李亮还在店内设置了舒适的用餐环境，同时播放轻松愉悦的音乐，为顾客提供了一个轻松、愉快的用餐氛围。此外，他利用社交媒体积极宣传这些特色，吸引了更多的顾客。

随着时间的推移，李亮的独特经营理念逐渐为人们所认可。

他的烧烤店逐渐在激烈的竞争中脱颖而出，成为街上最受欢迎的烧烤店之一，李亮成功地在激烈的市场竞争中赢得了自己的一席之地。

大家要明白一个道理：竞争的初衷是为了获得更多的生意，而不是把竞争对手打倒。比如案例中，商家之间大打价格战为的就是打倒对方，但是李亮坚持的"差异化竞争"道路，则是为了把自己变得更好。两者存在本质上的差异，效果也天差地别。

那么，门店究竟应该如何了解自己的竞争对手呢？可以从以下几个关键点着手。

1. 选择合适的调研方式

（1）实地考察。实地考察是调研竞争对手的一种重要方式。通过亲自前往竞争对手的门店，经营者可以观察到许多重要的细节，从而更深入地了解他们的经营情况。需要注意的细节大致包括以下几种：

①门店布局。一个合理的门店布局能够有效地吸引顾客的注意力，提高顾客的消费欲望。通过比较自己和竞争对手的门店布局，经营者可以发现哪些设计元素是有效的，哪些是需要改进的。

②装修风格。装修风格能够反映出一个门店或品牌的形象和定位。通过观察竞争对手的装修风格，经营者可以了解他们的门店形象和目标客户群体，从而更好地定位自己的门店形象。

③产品陈列。产品陈列直接影响到顾客的消费决策。通过观察竞争对手的产品陈列方式，经营者可以了解到哪些产品最受欢迎，哪种陈列方式最有效。

④服务流程。优质的服务能够提高顾客的满意度和忠诚度，通过观察竞争对手的服务流程，经营者可以了解他们的服务水平和质量，从而改进自己的服务流程。

（2）在线调研。随着互联网的普及，越来越多的门店开始涉足电子商务领域，开设网上店铺。无论是服饰店、美食餐厅还是其他类型的商家，都纷纷在各大电商平台或外卖平台上开展业务。这些平台不仅为消费者提供了方便快捷的购物体验，还为商家提供了展示自己产品和服务的机会。

同时，这些平台还为消费者提供了评价和反馈的机会。通过收集和分析这些信息，商家可以了解消费者的需求和期望，以及竞争对手的产品和服务质量。

在线调研竞争对手时，经营者可以重点关注以下几个方面：

①客户评价。无论是淘宝、京东等电商平台还是美团、饿了么等外卖平台，都有客户评价功能，经营者可以通过查看客

户的好评和差评，了解消费者对竞争对手的产品和服务质量的评价。

②销售数据。通过观察竞争对手的销售数据，经营者可以了解消费者的购买偏好和购买力。例如，如果竞争对手的某款产品销量一直很好，那么这款产品可能具有较高的市场需求和竞争力，或者是这款产品十分优质和出色。

③营销策略。观察竞争对手的营销策略，包括广告宣传、促销活动等，可以帮助经营者了解竞争对手的市场定位和营销策略。

2. 产品比较

将自己的产品与竞争对手的进行比较，可以了解竞争对手的产品的特色、质量水平，进而找到自己的差异化竞争点。

要做好产品比较，第一个要了解的，是对方产品的特色。在市场竞争中，每个竞争对手都有其独特的产品特点，这些特点往往反映了他们的市场定位和目标客户群体。通过深入了解竞争对手的产品特点，可以找到自己产品的独特性，从而形成差异化竞争。

第二个要了解的，是产品质量。在消费者日益注重产品质量的今天，高质量的产品往往更能赢得消费者的青睐。因此，了解竞争对手的产品质量水平，经营者可以找出自己产品的不足之处，进而提升产品质量，满足消费者的需求。

3. 价格分析

在商业竞争中，了解竞争对手的价格策略是至关重要的。通过研究竞争对手的定价水平、促销活动等，经营者可以更好地理解他们的市场定位和价格策略，为自己的定价策略提供参考。

在分析竞争对手的价格策略时，还需要注意以下几点。

首先要关注竞争对手的价格策略是否与市场需求相匹配。如果竞争对手的价格策略不符合市场需求，那么他们的价格策略可能会失败。

其次，分析竞争对手的价格策略是否具有可持续性。如果竞争对手的价格策略只是短期的，那么经营者不需要过于担心。但如果竞争对手的价格策略是长期的，那么经营者就需要仔细、深入地研究。

最后，注意竞争对手的价格策略是否具有差异化。如果竞争对手的价格策略与其他商家的相似，那么他们的价格策略可能不会带来太大的竞争优势。但如果竞争对手的价格策略具有差异化，那么经营者可能需要重新考虑自己的定价策略。

做到以上三点，经营者便可以更深入地了解自己的竞争对手，做到知己知彼，使自己的门店形成更有市场竞争力和影响力的差异化优势，并在市场竞争中脱颖而出。

把对手的核心竞争力变成自己的

核心竞争力是一家门店独有的、能够为门店创造独特价值的能力或者资源，是能够帮助门店在市场竞争中获得优势并取得长期成功的重要因素。简单来说，核心竞争力就是你有，而别人没有的优势。

核心竞争力，需要门店在长期的经营实践中不断积累和培育，是门店能够长期发展并在竞争中胜出的基础。核心竞争力可以是技术、产品、品牌、管理等方面的优势，可以是门店的文化、人才、创新等方面的优势，也可以是多种优势相互促进，共同构成门店的核心竞争力。

一般而言，核心竞争力的特点主要有以下几个。

独特性。门店的核心竞争力必须是独一无二的，是能够使本店区别于其他门店的能力。

持久性。门店的核心竞争力必须是持久的，可以长期为门店创造价值。

价值性。门店的核心竞争力必须能够为门店创造独特的价值，能够提高门店的市场竞争力，促进门店的发展。

知道这几点后，请大家思考一个问题：如果你的竞争对手具备这样的核心竞争力，以你现在的经营状况，是否能够在市场竞争中获胜？想必你也知道，这是很难的。这个时候，你就要学会把对手的核心竞争力，变成自己独一无二的竞争力。

需要提前强调的是，学竞争对手的核心竞争力，并不是把对方的一整套经营策略照搬到自己的门店经营上，而是要取其精华，去其糟粕，再转化为适合自己的、带有自己门店特点的竞争能力。

在某座城市里，王明开了一家咖啡馆。让王明非常在意的是，附近有一家咖啡馆的生意特别好，远远超过了其他咖啡馆的生意。

这家竞争对手的咖啡馆以独特的装修风格和精致的拉花艺术吸引了大量顾客。很多年轻人常常在这里聚集，这里成了周围社交和创意交流的热门场所。

王明看到了这家咖啡馆的成功，决定深入了解竞争对手的经营之道。他来到这家门店里，观察了他们的装修风格、咖啡制作过程，还与店主进行了深入的交流。

通过学习，王明发现这家店能成功，除了因为独特的艺术氛围外，还因为他们注重顾客体验，能够提供高品质的手工咖啡和口味独特的甜点。而在顾客服务方面，他们通过定期开展艺术展览和社区活动，吸引了更多的顾客。

王明并没有照搬竞争对手的一切，而是结合自己的理念和创意，重新设计了咖啡馆的装修风格，引入了独特的咖啡豆，并推出了个性化的咖啡和甜点。同时，他也开始组织一些与艺术相关的活动，让咖啡馆成为一个融合艺术和咖啡文化的社交地点。

王明的咖啡馆逐渐形成了自己的核心竞争力，吸引了更多的顾客，尤其是那些对艺术和品质有要求的年轻人。王明的生意越来越好，他的咖啡馆成为城里备受欢迎的咖啡馆之一。通过学习和创新，他成功地将竞争对手的优势转化为自己的独特竞争力，在市场的竞争中脱颖而出。

要像王明这样取得成功，我们应该如何从竞争对手身上取经呢？需要做到以下几点。

1. 取其精华

要学习竞争对手的核心竞争力，首先需要对门店的竞争对手进行深入的研究和分析。对方的核心竞争力可能体现在产品、服务、市场宣传等方面，通过借鉴这些成功经验，并在自己的经营中加以应用，可以提升自身的竞争力。

以一家麻辣烫店为例，它的核心竞争力是独门秘方配制出来的麻酱，味道独一无二，深受广大食客的喜欢。那么，作为竞争对手，你可以尝试制作一些味道不同的麻酱，或者提供其他的蘸料选择，比如重庆本地人在吃火锅时喜欢蘸的油碟。同时，你也可以在菜品上下功夫，给客户提供更多的选择，增强自身吸引力。

在研究竞争对手的过程中，需要注意细节和差异化。每个竞争对手都有其独特之处，你需要仔细观察，分析其优势和劣势，并加以利用。

2. 去其糟粕

即使是拥有独特核心竞争力的门店，也难以避免在其他方面存在问题。以某火锅店为例，暖心周到的服务是它的核心竞争力，但要培养这样的服务团队，需要付出大量的时间成本、人力成本和资金，这是许多小门店无法承受的。因此，对于经营者来说，真实存在的问题和那些难以模仿的核心竞争力都可以视为

"糟粕"。

在分析、学习竞争对手的时候，经营者一定要避免只看到其表面的优势，而忽略了其可能存在的弱点或不足之处。同时，门店也要寻找可以超越的空间，通过不断改进和创新，提升自身的竞争力。

3. 改良和创新

在商业竞争中，仅仅模仿竞争对手的产品或服务是远远不够的，经营者需要通过深入的研究和分析，找到可以改良或创新的地方。

以一家东北饭店为例，如果过分强调"正宗"两个字，吃不惯的人可能就会觉得口味太咸。因此，门店可以考虑在保持传统口味的基础上，适当降低咸度，以适应更多消费者的口味。同时，可以将产品定位为东北美食，以吸引更多的消费者。

除了改良口味外，经营者还可以从用餐体验进行创新。例如，可以优化餐厅的布局和装饰，营造更加舒适的用餐环境；提供更加周到的个性化服务（根据顾客口味推荐菜品，提供儿童餐具和座椅，等等），让消费者在用餐过程中感受到更多的关怀和温暖。

通过推陈出新，不仅可以提高产品的市场竞争力，还可以让消费者更加认可和信任门店。

4. 差异化竞争力

在如今这个市场里，仅仅做到"好"是不够的，还一定要做到"不一样"。唯有"不一样的好"，才能让消费者记住你，才能形成差异化竞争力，进而形成真正的核心竞争力。

5. 市场竞争要灵活

在商业竞争中，经营者有时候会遇到一种特殊情况，那就是对手的市场定位非常成功，其核心竞争力根本无法模仿。这时候，很多经营者可能会选择硬碰硬，试图通过模仿或超越对手来获得市场份额。然而，这种做法往往并不奏效，因为对手的核心竞争力是经过长时间积累和打磨出来的，不是一朝一夕就能模仿或超越的。

在这种情况下，经营者可以考虑在其他市场上寻找新的定位，通过灵活的市场战略，避免直接与竞争对手对抗。例如，如果对手在某一细分市场上做得非常成功，那么经营者可以尝试进入另一个细分市场，或者通过创新产品或服务来满足另一种客户群体的需求。

在竞争中提升能力的三个方向

在市场竞争中，你常常能看到一些门店的生意越来越红火，而一些门店的生意则越来越冷清，甚至一些门店最终不得不关门。导致这种差异背后的关键因素之一，就是经营者们的竞争逻辑不同。

那些能够在市场竞争中持续繁荣的门店，其经营者选择的往往是良性竞争。他们明白，竞争不仅是为了眼前一时的胜利，更是为了在竞争中不断地自我成长，提升自己的实力，从而在长远的发展中立于不败之地。

践行良性竞争的经营者会注重提升产品质量、服务水平、营销策略等方面，通过不断创新和改进，提高自身的竞争力。他们不会为了短期的利益而采取不正当的竞争手段，而是注重长期的品牌形象维护和口碑建设。

当然，也有一些经营者只关注眼前一时的得与失，为了赢得当前阶段的竞争而不惜采取恶性竞争的手段。他们可能会为了在短期内获得更多的市场份额而采取低价策略、虚假宣传、诋毁对手等不正当手段。

然而，这种恶性竞争不仅不利于自身的长期发展，还可能对整个行业的健康发展造成负面影响。因为恶性竞争往往会导致价格战、质量下降、消费者信任度降低等问题，从而使得整个行业的竞争环境恶化。

因为听到一些朋友说家居行业潜力非常大，未来一定有很好的发展，所以张霖在小城里开了一家家居装饰店。

然而，张霖并不了解这个市场，对产品的理解也几近于无，他只是盲目地模仿其他门店，缺乏自己独特的经营理念和核心竞争力。因此，在经营了一段时间之后，张霖门店的生意依旧不见起色。为此，他心急如焚。

再加上周围已经有一些知名的家居装饰店，张霖想要生存下去，更是难上加难。思来想去，张霖还是找不到出路，最终决定铤而走险，选择采取一些不正当的手段。

最开始，为了吸引更多的顾客，张霖降低了产品价格。这确实在短期内给他带来了销售量的增长，但也引起了其他店家的不满。因为这种只是降价，而非提供更好的产品或服务的做法明显是恶意竞争，是一种损人不利己的行为。

后来，为了抢占市场份额，张霖开始散布一些关于竞争对手产品质量差的虚假信息。这在业内引起了一些负面反响，其他店家开始对他提起诉讼，而一些潜在客户也对他的商业道德表示怀疑。

最终，张霖的短视和不正当手段导致了他的门店信用受损、客户流失。他的恶性竞争不仅没有给他带来长远的成功，反而让他在商业竞争中失去了更多，最终只能关店。

大家一定要记住：恶性竞争逻辑要不得，在日常的竞争当中不断自我提升才是门店长期发展的关键。竞争是一个不断变化的过程，经营者要做的是在这种变化当中找到不变的方向，然后以此为锚点进行学习，争取进步。大家可以参考以下三个提升方向。

1. 产品

产品是竞争的基础，这是商业领域中的一条真理。在竞争中不断提升产品质量，然后再用更高质量的产品提升门店的市场竞争力，是一条人人都应该学习的产品竞争正循环逻辑。具体来说，可以从三个角度切入。

首先是关注市场变化。不仅要关注竞争对手产品的变化，还要关注目标客户需求的变化，结合对这两种变化的分析，努力推出更加有竞争力的产品。

其次是产品质量本身的提升。要根据市场反馈和顾客需求，持续改进现有产品，确保其在质量上超越竞争对手。

最后是创新。创新，永远是一家门店不可或缺的能力，因为消费者永远都是"喜新厌旧"的。为什么"网红"产品不断在变？原因就在于此。因此，门店需要持续推出新颖独特的产品，以吸引更多的关注，如此才能在竞争中脱颖而出。

2. 市场定位和营销

经营者要根据在竞争当中获得的第一手材料，进一步细分目标市场和目标客户，这样做可以更加明确自己的核心顾客群体，描绘出更加精准的目标客户画像。以此为基础，经营者能够向客户提供更加符合他们需求的个性化服务，并由此与客户建立起深度联系，增强客户的黏性。

有了坚实的客户基础，经营者在做宣传的时候便可以有的放矢，突出自己的门店与竞争对手的门店的不同之处，进而塑造独特的门店形象，以吸引目标客户。这种精准的定位能让宣传更加有影响力，让潜在客户更容易将自己的门店与竞争对手的区分开来，进而把自己的门店作为他们消费的第一选择。

3. 管理

管理的提升主要看两个方面：成本和员工。

一方面，成本在竞争中往往是决定胜负的关键因素之一。经营者要想控制成本，就得找一些创新的方法。比如，可以优化供应链，把库存管理得更精准，再引入一些现代化的技术。这样做可以让门店运营得更高效，减少浪费，让资源得到更好的利用。这样一来，成本降低了，就可以在市场竞争中有更大的优势，同时还能保持合理的利润。

另一方面，员工是门店最宝贵的资产，员工的满意度与忠诚度直接关系到服务质量和门店形象。在竞争中提供优异的服务，能够吸引并维持更多忠实的顾客。在市场竞争中，拥有具备高度专业素养的员工团队是一项巨大的优势。经营者应加大对员工培训的投资，提高其专业水平，以更好地满足顾客需求。同时，经营者要建立激励机制，激发员工的积极性和团队合作精神。

变被动竞争为主动出击

所谓被动竞争，就是一家门店缺乏应对竞争的主动性，也不会主动去创新产品和服务，只是被动地应付着行业竞争。简单来说，就是等着顾客上门。就街边的便利店、烟酒店而言，这种状态对他们没有太大的影响。但是对于一名创业者，对于一家想要更进一步的门店来说，这种状态只会导致一种结果——失败。

因为在当今的商业环境中，线下门店面临着来自线上和线下的双重竞争压力。如果经营者想要在竞争激烈的市场中立足，那就必须变被动竞争为主动出击，积极寻找新的业务增长点和竞争优势。

李梦开了一家服饰店，但是她的竞争思维比较传统，认为只要摆好货物，等待顾客上门就行了，所以在开店的初期，上门的客户零零散散的，门店的生意并不好。事实证明，这种被动等待的策略不能让生意蓬勃发展。

一次偶然的机会，李梦开始学习主动竞争思维。她明白了，要引领竞争节奏，就需要主动出击。于是，她着手寻找潜在客户，通过社交媒体、线上推广以及与本地社区的互动等方式，吸引了更多人关注她的门店。

她精心策划、推出了一些活动，如时尚派对、专属会员日等，通过提供独特的购物体验和限时优惠，吸引了更多顾客的光顾。她还主动与一些本地社区合作，成为社区活动的合作伙伴，加强了门店与当地社区的联系。

随着时间的推移，李梦的服饰店逐渐成为社区时尚的代表，她用主动竞争思维改变了原来的营销策略，使门店生意变得越来越好，顾客们也更加活跃和忠诚。

与被动竞争相比，主动竞争具备以下优势。

1. 主动捕捉市场机会

第一个人吃肉，第二个人喝汤，第三个人闻闻味，至于再后来的人，就只能看看了。

商业市场的现状就是这样，充满了竞争与机遇，只有那些敢于主动出击、善于利用机会、对市场保持敏感的人才能在竞争中生存下来。而那些一味观望的、被动竞争的人则只能眼馋别人，在等待中与机会擦肩而过。因此，要想在商业市场中获得成功，就必须敢于冒险、善于观察、勇于行动，只有这样，才能在市场中立足，获得更大的成功。

2. 创新和差异化竞争

在竞争激烈的市场环境中，门店必须时刻保持敏锐的洞察力和创新思维，才能够抓住消费者的需求，而主动竞争往往能够推动门店不断推陈出新，提供更加独特、优质的产品或服务，从而赢得消费者的青睐。

此外，通过主动竞争，门店能够深入了解消费者的需求和偏好，从而提供更加符合消费者需求的产品或服务。这种差异化经营的方式，能够为门店建立起独特的竞争优势，提高门店的竞争力。

在明白了主动竞争的优势之后，接下来要做的就是马上行动。而在行动的过程中，大家可以参考以下几种方法。

1. 深入了解消费者需求

主动竞争是需要方向的，有的门店以战胜竞争对手为方向，有的门店以自我提升为方向，也有的门店则是以盈利为方向，这些方向都是正确的，但都没有抓到主动竞争的本质。因为不管是同行之间的竞争，还是门店与消费者之间的交易，都需要实现一个前提——满足消费者的需求。

因此，主动竞争的基础或者说方向就是深入了解并满足消费者的需求。经营者可以通过市场调研、收集顾客反馈等方式来获取信息，并进行分析和总结，为产品和服务的创新提供依据。

2. 创新产品和服务

当今，消费者的需求趋于多样化，他们对产品的种类和质量的要求也越来越高。门店可以通过引入新品种，满足消费者的不同需求，提高产品的吸引力和竞争力。例如，在餐饮行业，可以引入新的菜品、饮品或者特色小吃，吸引更多的消费者前来品尝和消费。

经营者也可以通过改进现有产品来实现创新，针对已经存在的产品，可以通过改进其品质、包装、口感等方面，提高其附加值和竞争力。

3. 拓展销售渠道

被动竞争被广泛诟病，最大的原因在于销售渠道的单一性。在传统的商业模式中，门店往往只能等待客户主动上门，这种方式显得过于被动，而且缺乏客源稳定性。为了改变这种局面，门店需要变被动为主动，积极拓展销售渠道，以扩大市场份额，提高销售额。

拓展销售渠道的方式有很多种，其中最有效的渠道便是网店了。通过在各大网店平台建店，门店可以将产品推向更广泛的消费群体。同时，线上销售也具有便捷性、个性化等优点，能够更好地满足消费者的需求。

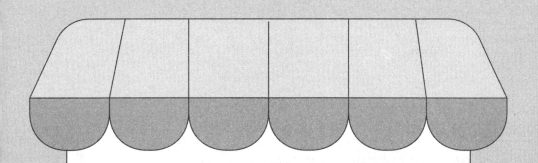

07

打造特色网店，轻松实现盈利

做好产品管理的四个注意事项

　　随着互联网的普及和电子商务的快速发展，网购已经成为人们购物的重要方式，由此导致的一种现象是：越来越多的人选择网上购物，这对线下的实体店无疑是一个巨大的冲击。在这种状况下，门店的经营者不得不面临一个选择：是顺势而为开设自己的网店，还是选择坚守单一的线下阵地，在愈加残酷的线上和线下双重竞争的压力下苟延残喘？

　　与传统的线下门店相比，网店有很多优势。一方面，网店可以拓宽销售渠道，吸引更多的潜在客户。通过互联网，门店可以接触到更广泛的目标客户群体，无论是在地域上还是消费群体上都可以得到新的突破。另一方面，网店可以降低运营成本。相较于线下实体店，网店不需要支付租金、装修费用等，有的只需向平台缴存少许保证金，因此可以降低经营成本，提高盈利能力。

当然，开设网店也面临着一些挑战，首先要面对的便是产品管理。想要做好产品管理，就需要重点关注以下的注意事项。

1. 产品选择

在网店运营中，选择合适的产品是至关重要的，它不仅关乎网店的生存，更直接影响到网店的盈利和发展。因此，在选择产品时，经营者需要进行深入的市场调研和分析，了解市场需求和消费者需求，关注竞争对手的情况，以便选择具有潜力的产品。

首先，市场需求。它是指消费者对某种产品的需求量以及需求趋势。在选择产品时，经营者需要了解该产品的市场需求情况，包括市场规模、消费群体、竞争情况等。在此基础上，门店才能更好地把握市场机会，选择具有潜力的产品。

其次，消费者需求。经营者要明白消费者需要什么样的产品，以便选择符合消费者需求的产品。同时，门店还需要分析、记录目标客户的偏好和消费习惯，以便更好地满足他们的需求。

最后，竞争对手的情况也是经营者需要重点关注的，比如竞争对手的数量、实力、产品特点等。只有了解竞争对手的情况，门店才能更好地制定营销策略，选择具有竞争优势的产品。

2. 库存管理

库存管理是网店运营的关键环节之一，对于确保网店正常运营和维护顾客满意度具有重要意义。在网店的日常运营过程中，库存管理需要确保库存的充足性和合理性。简单来说，库存管理的作用就是：保证产品不能太多，出现积压现象；也不能太少，以至于出现缺货现象。

除此之外，还要对产品进行分类管理，确保库存的合理性。针对不同类型的产品，应该采用不同的库存管理策略。例如：畅销产品应该保持较高的库存量，以确保顾客能够随时购买到；而滞销产品则应该适当降低库存量，以避免出现库存积压和浪费。

最后，还需要对库存进行定期分析和评估。通过对库存数据的分析，可以了解产品的销售情况和市场需求，从而为制定更加合理的库存管理策略提供依据。

3. 销售策略

销售策略直接关系到网店的盈利和长期发展。在制定销售策略时，经营者首先要深入了解市场需求和消费者需求，以便为消费者提供更好的产品和服务。销售策略大致可以分为三个方面：价格、促销和推广。

在制定价格策略时，经营者要考虑产品的成本、竞争对手的价格和市场接受度等因素。同时，要根据不同的销售平台和目标客户群体，制定不同的价格策略，以确保价格合理且能够吸引消费者。

而促销策略，比如可以通过打折、满减、赠送礼品等方式吸引消费者购买。在制定促销策略时，要考虑促销活动的时间、频率和力度等因素，以确保促销活动能够达到预期的效果。

推广策略是扩大网店知名度和吸引更多潜在客户的重要手段。在制定推广策略时，需要考虑网店实际运营状况，如果资金充裕，则可以参与平台的竞价排名；如果资金有些紧张，也可以选择自行推广，比如利用朋友圈、抖音等平台。不管最终选择哪种推广方式，都要注重与客户的互动和沟通，提高客户满意度和忠诚度。

此外，根据销售情况及时调整销售策略也是非常重要的。如果发现某个销售策略效果不佳，应该及时调整策略或尝试新的方法。同时，也要不断关注市场变化和消费者需求的变化，以便及时调整销售策略以适应市场变化。

4. 售后服务

售后服务对于网店的重要性不言而喻，它不仅直接影响到消费者对网店的印象，还关系到客户满意度和忠诚度。因此，建立完善的售后服务体系是网店经营的必要条件。想要做好售后服务，经营者可以从以下几个方面着手。

　　首先，退换货政策。消费者在购买商品时，往往会考虑退换货的问题。如果退换货政策不明确或者执行不力，很容易让消费者产生不信任感。因此，网店应该明确退换货政策，包括退换货的条件、流程、时间等，并且要确保政策得到有效执行。

　　其次，维修服务。当消费者购买的商品出现质量问题时，他们往往会寻求维修服务。如果网店能够提供及时、有效的维修服务，就不仅能够解决消费者的实际问题，还能够赢得消费者的信任和好感。

　　最后，投诉处理。当消费者对商品或者服务产生不满时，他们会向网店提出投诉。如果网店能够及时、妥善地处理投诉，就不仅能够消除消费者的不满，还能够提升消费者的满意度和忠诚度。

引流，只需要六个步骤

如今，大家只需拿起手机，打开任何一个网购平台，在搜索框中输入一款产品，比如牛肉干，便能得到一大堆与之相关的产品信息。这一现象一方面体现了互联网购物的便捷性，但是从另一方面来看，这反映了网店经营者所面临的巨大竞争压力。

在传统的实体店购物中，消费者往往只能在有限的范围内选择商品。然而，在网络购物平台上，消费者可以轻易地浏览到来自全国乃至全球的商品，这种丰富多样的商品选择使得消费者更加挑剔，对产品的品质、价格、服务等方面都有更高的要求。

对于网店经营者来说，即使是在最细分的赛道上，也面临着大量的竞品。这些竞品不仅来自同行业的竞争对手，还可能来自其他行业的跨界竞争者，竞争尤其激烈。

在这种大背景之下，网店的经营者就必须思考一个问题：如何才能在多如牛毛的竞争者中脱颖而出，让消费者选择我，而不是我的竞争对手？

其实最好的解决方案就两个字——引流。

王雪是一个爱美的年轻女孩，对美妆产品有着非常独到的理解和丰富的使用体验，她在美妆方面的专业知识也比常人多很多。怀揣着对美的热爱，她决定开设一家主营美妆用品的网店。然而，随着网店的开业，王雪很快感受到了来自这一行业的激烈竞争。

为了解决激烈竞争带来的困境，王雪决定运用自己的专业知识和经验，通过在小红书上分享来引流。她每天花费时间整理自己的美妆心得，撰写详细的产品评测和护肤技巧，并以独特的视角分析美妆产业的最新趋势，她的用心和专业立即引起了小红书上众多美妆爱好者的关注。

王雪并没有仅仅停留在知识的传递上，她善于与粉丝互动，不仅分享自己的购物经验，回答他们的疑问，还时不时地组织一些有趣的线上活动。在互动中，她逐渐建立起了一个由美妆爱好者组成的社群。

随着时间的推移，王雪的小红书粉丝逐渐成为她的网店的忠实顾客。王雪每次在网店推出新品或者举行促销活动，这群粉丝总是第一时间了解并积极参与，她的网店销售额也因此逐步攀升，取得了不俗的业绩。

从王雪的成功经验中，我们总结出引流六大步骤，一起来学习学习吧！

1. 选择合适的引流平台

不同的网店和产品适合不同的引流平台，这是电商领域的基本常识。在选择引流平台时，经营者需要深入分析店铺的目标客户和自己的产品特点，以确定哪个平台是最适合的。

以美妆产品为例，小红书是一个非常适合的引流平台。小红书的用户群体主要是年轻女性，她们对美妆、护肤等话题非常感兴趣，因此美妆产品在小红书上具有很大的市场潜力。同时，小红书的社交属性也非常强，用户分享自己的使用心得、产品评价等，可以增加产品的曝光度和口碑。

除了小红书，其他的引流平台也有非常大的潜力。例如：公众号是一个非常适合做内容营销的平台，经营者可以通过撰写高质量的软文来吸引用户关注和购买；抖音则是一个非常适合做短视频营销的平台，经营者可以通过拍摄有趣的短视频来吸引用户的眼球。

当然，对这些平台了解不多，也是很多经营者面临的难题。不过，解决方法也很简单。首先，经营者可以做好宣传引流内容，发布在这些平台上看具体的效果。其次，经营者可以通过观察其他同行的成功案例来学习经验。最后，经营者可以多与平台方沟通合作，了解平台的特点和用户需求，以更好地制定营销策略。

2. 制作引流内容

你制作出来的引流内容，就是消费者对你店铺的第一印象。因此，引流内容的重要性不言而喻。如果你的宣传内容混乱不堪、毫无章法，就会给客户留下不好的印象，自然也达不到引流的效果和目的。相反，如果你表现得足够专业、用心，那么你的内容就能够吸引更多的潜在客户，并让他们成为你的忠实客户。

为了制作出专业的引流内容，你需要了解你的目标客户群体，以及他们的需求和兴趣。同时你也需要了解你的产品或服务的特点和优势，以及如何将这些特点和优势与你的目标客户群体联系起来。

在着手制作引流内容时，有一些小细节需要特别注意。例如，你需要确保你制作的引流内容清晰明了、易于理解，并且具有吸引力和感染力。你要用简洁明了的语言和图像，而不是用长篇大论来表达你的观点和想法，这能让你的目标客户群体更好地理解和接受。

此外，你需要根据反馈信息和数据来评估你的内容的效果，并根据需要进行调整和改进。只有这样，你才能够制作出真正有效的引流内容，吸引更多的潜在客户。

3. 确定引流策略

说到底，商户和消费者之间是交易关系，想要别人成为你的流量，就得让他们有利可图。这个"利"，可以是你掌握的专业知识或相关经验，也可以是实实在在的优惠，比如优惠券、免费试用机会等。

你如果想要通过知识或经验引流，就一定得确保你分享的内容足够专业、足够珍稀、足够有吸引力。否则的话，干巴巴的文字或图片，只会让别人一眼扫过，不会有更长久的停留。

而你如果想以优惠诱人，也需要保证你提供的优惠信息能够打动人。以化妆品店铺为例，你可以在宣传材料里写："转发到朋友圈，收集××个赞，就可以换取试用面膜。"

此外，你还可以通过提供一些额外的服务来吸引消费者。比如，你可以提供免费的售后服务、退换货服务等。这些服务可以让消费者更加信任你的产品和服务，从而增加他们购买的可能性。

4. 用优质的产品和服务留住客户

引流的关键不仅仅在于吸引多少流量，更重要的是能够成功转化这些流量。如果店铺的产品或服务与竞争对手相比存在明显差距，那么即使吸引了大量流量，也无法实现有效的转化。因此，留住客户是引流过程中至关重要的一步。

为了留住客户，经营者需要确保店铺的产品具有高质量、吸引力和性价比高等优点。同时，服务也需要做到暖心周到，让客户感受到真诚和关怀。只有这样，客户才会愿意在店铺内购物，并成为忠实的回头客。

5. 做好售后

交易的终结点不是客户付了钱、收到货，而是客户给你的店铺好评，并愿意成为回头客。想要实现这一点并不容易，甚至可以说很困难。除了产品购买服务，售后服务也同样重要。至于如何做好售后，前文中已经有很详细的讲解，在此不再赘述。

6. 复盘、优化

随着市场的不断变化，客户的消费痛点和需求也在不断变化，所以店铺的引流策略同样需要不断改进和优化。在每次引流活动进行的同时，经营者需要密切观察、认真分析，活动结束后及时复盘，找出活动中效果不好的点和可能存在的问题，并采取相应的措施加以改进。

首先，经营者需要密切关注市场动态和客户的反馈信息，及时了解最新的趋势和需求，以便调整引流策略。例如，如果客户对某种产品或服务的需求增加，店铺就需要加大对该产品的推广力度，提高客户对产品的认知度，增强购买意愿。

其次，经营者需要对每次引流活动进行详细的分析和复盘，找出活动中存在的问题和不足。例如，如果活动效果不佳，可能是推广渠道不够精准、活动内容不够吸引人、价格不够有竞争力等导致的。针对这些问题，经营者需要采取相应的措施加以改进，例如：优化推广渠道，提高活动内容的质量和吸引力，制定更有竞争力的价格策略，等等。

打造私域流量池的绝招

所谓私域流量池，即店铺或个人通过多元化策略和渠道精心构建的、能够深度互动与主动掌控的用户资源集合。相较于依赖第三方平台的公域流量，私域流量展现出了显著的优势，包括更高的用户转化率、更强的用户黏性以及更低的营销成本。这是因为私域流量允许品牌或个体直接触达用户，减少了中间环节，增强了信息的个性化和针对性。

获取并维护私域流量的方式包括传统的微信公众号、企业微信、小程序、App、个人微信号及社群等。随着技术的发展和消费者习惯的变化，更多新兴渠道也应运而生，比如抖音、快手、淘宝直播等直播与短视频平台，小红书、知乎、B站等知识分享平台。利用这些渠道，经营者可以直接跟用户建立联系，通过内容推送、活动推广等方式，实现流量的转化和变现。

因为私域流量是门店或个人直接掌握的，所以可以帮助门店或个人更加精准地定位目标用户，提高流量的质量和转化率。同时，私域流量也可以通过精细化的运营和管理，实现更加高效的变现和收益。

李磊是手工制品的狂热爱好者，他决定将这份热爱转化为事业，于是开设了一家售卖手工制品的网店。由于他的产品工艺精湛、独具特色，很快就吸引了一大批顾客，并积累了不少忠实粉丝。

为了更好地与粉丝们互动，李磊创建了一个微信群，把所有关注他的人都邀请进去。这个微信群成了一个互动的社区，里面的成员不仅是顾客，更是一群对手工艺术充满热情的朋友。平时，李磊会分享自己手工制品的制作过程、心得体会，还会定期与粉丝进行互动，回答粉丝们的问题。

从此之后，这个微信群成了一个温馨的交流平台，不仅让粉丝更深入地了解李磊的手工艺术，还促进了众多手工艺术爱好者之间的友谊。通过分享和互动，李磊不仅提升了自己的店铺形象，也增强了客户的黏性，为网店的长期发展奠定了坚实的基础。

像李磊的这种店铺往往被称为"网红"店铺。

相信大家都明白"网红"的吸引力和影响力，如果有两种产品质量和价格都一样，那么消费者肯定更倾向于购买"网红"推荐的那一款。即便价格稍微贵一点，也不影响"网红"产品更受消费者的欢迎。

从某种角度来说，打造私域流量池，就是把自己的店铺打造为"网红"店铺。那些认可店铺的消费者就是私域流量，他们更愿意为店铺的产品买单，并且会主动向朋友、家人推荐店铺的产品。

讲了这么多，究竟如何打造店铺的私域流量池呢？大家可以尝试以下的几种绝招。

1. 让客户觉得自己"很独特"

每个消费者都有自己独特的需求，这是无可否认的。因此，在服务客户的时候，经营者必须让他们感受到店铺在用心地针对他们的需求为他们服务。只有这样，才能赢得客户的信任。

以一个定制手工制品的例子来说明，如果有粉丝想要定制一个手工制品，那么经营者就会一对一地询问他的需求，并专心地为他服务。这种个性化的服务方式，不仅能够满足消费者的需求，还能够让他们感受到店铺的用心和关怀。

当然，除了提供个性化服务之外，店铺还可以设立会员制度。在服务会员的时候，可以提供一对一服务、定制化产品或专属优惠等。这样不仅能够提高客户满意度，还能够增加客户黏性，让客户成为店铺的忠实粉丝。

此外，为了更好地服务客户，店铺还需要不断了解客户的需求和反馈，不断改进和优化服务流程和产品质量。

2. 有价值的分享

在商业世界中，吸引客户的方式多种多样，而产品本身并不总是最重要的因素。有时候，客户更关注的是店铺或经营者本身，以及他们所代表的形象和价值观。这种现象在"网红"经济中尤为明显，你会看到那些头牌"网红"和他们的店铺更容易成为人们追逐的焦点。

当然，这并不意味着产品不重要。产品是商业活动的基础，是满足客户需求的关键。然而，在产品之外，店铺还可以为客户提供额外的价值。这种价值可以是行业资讯、产品知识、使用技巧等。通过分享这些有价值的内容，可以增加客户对店铺的信任和好感度，同时也可以提高店铺的知名度和影响力。

以一家化妆品店铺为例，除了销售产品，经营者还可以在日常生活中分享产品的使用方法和使用过程中的经验心得。这些内容对于很多客户来说是非常有价值的，因为它们可以帮助客户更好地使用产品，从而达到更好的效果。通过这种方式，客户不仅购买了产品，还获得了额外的知识和经验，这使得他们更愿意再次购买并推荐给其他人。

3. 创建社群

社群可以是微信群，也可以是各个平台内的社群，如微博、抖音、知乎等。通过创建社群，经营者可以更好地与客户建立联系，了解他们的需求和反馈信息，从而更好地满足他们的需求。

首先，创建社群需要有一个明确的主题和定位。社群的主题应该与经营者的产品或服务相关，同时要能够吸引目标客户的关注。例如，如果你经营的是一家健身设备的店铺，那么你创建的社群的主题可以是健身、健康、运动等。

其次，营造良好的社群氛围是关键。社群成员需要有一种归属感和参与感，所以经营者需要通过各种方式来促进成员之间的互动和交流。例如：可以定期组织线上或线下的活动，让成员有机会线上交流或当面交流；可以设置管理员来负责社群的日常运营，及时回答成员的问题和解决纠纷。

最后，在维护社群氛围的过程中，有几个关键点需要特别注意：第一，要尊重每个成员的意见和想法，不要轻易批评或指责他们；第二，要保持社群的活跃度和新鲜感，不断推出新的活动和内容来吸引成员的参与；第三，要注重社群的规范和礼仪，避免出现不良言论和行为。

流量裂变，不得不注意的五个细节

　　流量裂变是一种营销策略，是指通过社交媒体、广告等渠道吸引潜在客户，并通过一系列的优惠活动、推广手段等，让客户主动分享、转发，从而吸引更多的潜在客户。这种策略的核心在于利用用户的社交网络，通过口碑传播、病毒式传播等方式，实现流量的快速裂变和增长。

　　流量裂变的好处在于，它能够以较低的成本实现流量的快速增长。通过社交媒体的分享、转发，可以迅速扩大店铺知名度，提高用户转化率。同时，流量裂变也能够提高用户的参与度和忠诚度，增强品牌与用户之间的互动和联系。

　　张智在网上开了一家手工零食店，他非常注重产品质量，从选材到生产，每一个环节都严格把控。同时，他对服务质量也非常重视，总是耐心解答顾客的问题，尽最大的努力满足他们的需求。

　　由于张智的坚持和努力，他的网店逐渐积累了很多忠实的客户。这些客户不仅自己经常光顾他的店铺，还会向家人和朋友推荐店铺的产品。张智的网店在市场上赢得了良好的口碑，也让他对自己的事业充满了信心。

　　然而，张智并不满足于现状，他想要扩大自己的客户规模，让更多的人了解并喜欢他的产品。于是，他开始策划一系列的宣传引流活动。

　　一开始，张智在微信群里发布了一些有趣的内容，吸引客户的关注，并设立了奖励机制，激励客户转发这些活动内容。通过客户的分享和传播，张智的网店得到了更多的曝光和关注。

　　除了社群营销，张智还在各个自媒体平台上发布有价值的内容分享。他写了一些关于零食专业知识的文章，让潜在客户更加了解他的产品。同时，他还分享了一些自己的创业经历和心得体会，让更多的人了解他的故事和理念。这些内容不仅吸引了更多的潜在客户，还让他的网店在自媒体平台上获得了更多的关注和认可。

　　通过这些宣传引流活动，张智网店的客户数量逐渐增加。他的产品质量和服务态度依然保持着高水准，赢得了更多客户的信任和支持。

就像案例中提到的一样，想要实现流量裂变，最好的办法就是通过现有流量去吸引更多的流量，进而达到裂变的效果。但是，要想裂变活动真的有效果，还需要注意以下几个细节。

1. 确定裂变策略

不同的目标受众有着不同的需求和特点，因此，制定营销策略时需要针对不同的受众群体进行差异化处理。

以年轻人群体为例，他们通常喜欢追求时尚、潮流和个性化，对新鲜事物充满好奇。因此，针对年轻人群体的营销策略应该注重创新、创意和个性化。例如，可以通过社交媒体平台进行推广，利用年轻人常用的社交媒体平台，如微博、抖音、快手等，发布有趣、有创意的内容，吸引年轻人的关注和兴趣。

而中老年人群体通常更加注重实用性和性价比，对传统的事物有着深厚的情感。因此，针对中老年人群体的营销策略应该注重品质、服务和传统元素。例如，可以通过传统媒体进行宣传，发布实用的产品信息和优惠活动，吸引中老年人关注和购买。同时，也可以通过举办线下活动、提供优质的服务等方式，增加中老年人与品牌的互动和信任感。

2. 内容质量是裂变的保证

内容是裂变的核心。在信息爆炸的时代，如何让用户关注并分享你的内容，成了裂变的关键。因此，在制作内容时，需要注重内容的原创性、实用性和吸引力。

首先，如今互联网上信息的重复率非常高，如果店铺的活动内容没有独特的见解和观点，很难引起用户的关注。因此，需要注重内容的创新性和独特性，尽可能地避免与他人的内容雷同。

其次，用户更喜欢那些能够解决他们问题的内容，比如提供实用的技巧、方法和建议。因此，经营者需要注重内容的实用性和价值性，尽可能地为用户提供有价值的内容。

最后，店铺需要通过生动、有趣、有吸引力的语言和形式来呈现内容，让用户愿意花时间和精力去阅读和分享。

3. 分享流程要足够简洁

裂变营销的关键在于用户分享，因此分享的流程必须简单易行。降低分享的门槛，让用户在分享时感到方便，不会因为烦琐的操作而放弃，这是裂变营销成功的关键之一。

为了实现这一目标，店铺需要对分享流程进行优化。在做用户分享设计时，最好可以简化到"一键分享"。同时，经营者要确保分享内容易于理解和吸引人，比如使用清晰、简洁、有吸引力的文案和图片等。

4. 清晰的奖励机制

奖励是用户参与裂变活动的重要诱因。很多裂变活动之所以能够取得成功，就是因为奖励足够诱人、足够有吸引力。

因此，不管是在社群内鼓励群员分享，还是在各个平台鼓励其他人分享，经营者都要把分享奖励标示得清清楚楚、明明白白，最好能够一句话说清用户分享之后能够得到什么奖励。同时，经营者也需要思考什么样的奖励既能够打动他人参与活动，而成本又在自己的承受范围之内。

5. 活动要有界限

在实施流量裂变策略时，合规性是一个必须重视的因素。否则，就会给店铺带来负面影响，甚至触犯相关法律法规。常见的问题包括夸大宣传、虚假承诺、危害用户数据安全等，都是需要经营者要极力避免的。